Hello Beijing

若留得住的话，
我愿把寿命的三分之二折去，
换得一个三分之一的零头
——郁达夫《故都的秋》

漫步故宫博物院

Wandering through the Palace Museum

HELLO Beijing

一帆 / 绘

×

林深（变绿君）/ 文

江西美术出版社

全国百佳图书出版单位

Let's
GO!

继续唠嗑……

微信
变绿君
好吧，让我们背起行囊出发。
好的，大师请吩咐。
第一次去故宫是什么时候的事？
哎呀，这个斗转星移……我还不会走路的时候。你呢？
我第一次去是大学哎，算暑期考察吧，只记得门口的冰棍儿了。当时还不用预约门票，去了就能买。
如果只有一个小时，你推荐大家看啥？
一个小时？这个能走到故宫里面吗？
抛开走路时间，就看展只有一个小时。跑一跑半小时还是可以的，我就跑过，哈哈哈。
那还是雕塑馆吧，坤宁宫？因为待在里面挺舒坦。
嗯，好像人少些。

微信
变绿君
无数次进宫后，你唯一没改变动摇的感受是什么？因为，我的万年不变的感受，其实是无知。
呃，现在就已经感觉到了自己的无知。
我就问你，故宫每个牌匾上的字，你都认识吗？所有殿外的对联你看得懂吗？
打扰了……（后退）我不行。
每次在并不咋装修豪华的文创店里买展览的画册时，真真感受到自己是个文盲。
所以我们企图抛砖引玉，开启带着敬重的“文盲”团故宫之旅。
哈哈哈哈，还是无知团好些，所以让我们开始学习吧。

天文台路

Part 4　新四九掌故汇编

Part 1

北京即天下

《系辞传·上》说，“易简而天下之理得矣。天下之理得，而成位乎其中矣”；西汉戴圣曾云：“大道之行也，天下为公”；宋代范仲淹写道：“先天下之忧而忧，后天下之乐而乐”；明清之际顾炎武更是叹曰：“天下兴亡，匹夫有责”。若当世一问，天下何为？北京是也！

王志远 / 摄

1

幸会，北京！

01 / 北京在历史上有过多少个名字?

据有文字可考的历史，北京城建城已有 3040 年的沧桑历史，它最早的名称叫作蓟，是周朝所分封的一座都城。唐朝就是陈子昂笔下的“幽州”。辽代以蓟都为陪都，后改称南京、燕京。金朝继辽之后正式迁都到这里，名为中都。到了元代，又在中都郊外创建新城，叫作大都。明朝改建大都，始称北京。清朝的首都当然也是北京啦，直到封建制度的消亡。

故宫的银杏

壹 『蓟』的成长

『蓟』是西周分封在北方的诸侯国名，也是当时的国都所在。这就是说，至少在西周初年，今天的北京城附近就已经有一座被称为『蓟』的城市了。

贰 『燕』与『蓟』

西周初年，周武王分封蓟国的时候，还在北方分封了另一个诸侯国，这就是燕国。到了东周时，北京周围地区的政治格局发生了很大变化，燕国势力增加，逐渐兼并了北面的蓟国，并且将国都迁至蓟城，从此以后就有了燕都蓟城的说法。北京后来被称作燕京，也就可以理解。

叁 蓟丘和蓟城

郦道元《水经注》、陈子昂《蓟丘揽古》分别阐述了蓟城的由来，我们按图索骥发现蓟城所在的位置约在今北京广安门附近。现在白云观西墙外原有一处高丘，很可能就是古代蓟丘的遗址。

肆 辽朝的陪都：南京城

辽是契丹族建立的北方少数民族政权。契丹统治者在吞并燕云十六州后不久，便改国号为辽，建都临潢府（今内蒙古巴林左旗），为了加强对新占领地区的统治和掠取更多的财富，并在幽州城建立陪都（首都以外另建的国都）。因为这个陪都位于它所统辖的疆域南部，所以叫南京，又称燕京。

伍 金朝的统治中心：中都城

靖康元年（1126）北宋王朝灭亡以后，金朝的势力范围一下子扩大到淮水沿岸，它在华北平原上的统治也就转入了相对稳定的状态，于是金朝的统治者便把首都从远在松花江上的会宁府（今黑龙江阿城白城子），迁移到燕京来了。金贞元元年（1153）完颜亮正式迁都，改燕京为中都。金中都既是在北京原始聚落的旧址上发展起来的最后一座大城，又是向全国政治中心过渡的关键；同时在北京城市建设史上还起了承上启下的作用。

陆 大汉之城：元大都

公元1211年，成吉思汗率领蒙古军队大举伐金。于是兵荒马乱之中，中都城内金代的皇宫被大火焚烧，一代宫阙竟成一片废墟。此后又过了40多年，中统元年(1260)，忽必烈抱着消灭南宋统一中国的雄心，从蒙古高原的都城和林来到燕京城，可是此时城中的宫殿已荡然无存，于是忽必烈决定在旧金中都城的东北郊外选择新址，营建一座新都城，又以『元』为国号，并把新都城命名为大都，至元十一年(1274)大都城建成，这就是我们常说的元大都。

柒 明代的帝王之都

元朝末年反抗蒙古统治者的农民大起义，如暴风骤雨席卷全国，朱元璋率领部队挥师北伐，于明洪武元年(1368)八月二日，攻下元大都后，将大都城改名北平。

明成祖朱棣从侄儿手中夺取帝位之后，鉴于威胁明王朝的主要危险仍然是来自塞外的蒙古族残余势力，便迁都北平，并把北平改称北京。明北京城的营建，从永乐四年(1406)开始，到永乐十八年(1420)才基本上竣工，前后延续了15年之久。

捌 最后一个封建王朝的都城

清朝的统治者完全沿用了明朝的北京城，没有什么变动，就连紫禁城在内，也只是对建筑物做了一些重修和局部的、小范围的改建、增建工作。同时大规模开发了北京西北郊的园林风景区，营建了规模空前、华丽非凡的离宫建筑群。这就是通常所称的西北郊『三山五园』，即玉泉山静明园、香山静宜园、万寿山清漪园(颐和园)和畅春园、圆明园。清代皇帝在这里观览山水，处理朝政，成为与北京城中紫禁城并重的另一个政治中心。有人称清代北京是一南一北的『双城』制，可谓不无道理。

2

北京『食』用指南

01/ “老字号”北京食物

玉华台饭店

创建于 1921 年，做淮扬菜的功夫中可说是“技压群雄”。变绿君推荐蟹黄狮子头。

都一处

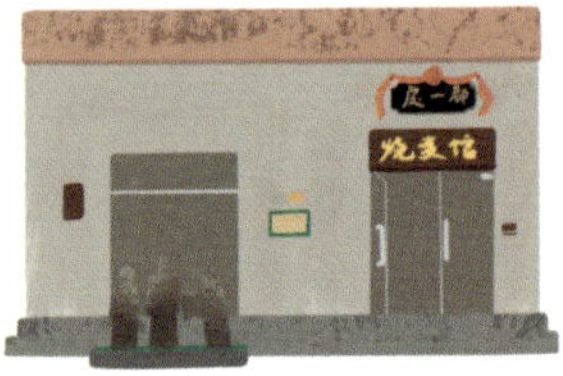

是主营烧麦的老字号，相传乾隆来店里用餐之后，特赐匾“都一处”，1964 年，郭沫若先生亲笔题匾“都一处”，都一处的两块匾，是对其口味的最好证明。

壹条龙涮羊肉

原名“南恒顺羊肉馆”，经营涮羊肉已有 219 年的历史了，相传光绪皇帝慕名微服进店吃涮羊肉，遂改名为壹条龙。

鸿宾楼饭庄

创建于清朝咸丰三年(1853)，被誉为“京城清真餐饮第一楼”。1955 年应周总理之邀入京，以其独特的菜品享誉京城。

同和居

北京最早经营山东风味菜肴的中华老字号。烹饪以原汤、鲜嫩、清淡为特色。

仿膳饭庄

原是由清宫御膳房的几个御厨开的，前身是“仿膳茶庄”，所以栗子面小窝头、肉末烧饼、豌豆黄等都是一绝。

功德林饭庄

吃素菜有名的老字号，也是京城唯一的佛门净素，从开业之初到现在很多佛教界人士曾来此就餐。菜品原料以“三菇六耳”为主，但你看到菜品，我们只能说，不要惊讶，这真的不是肉，都是素食！

丰泽园饭庄

是北京经营正宗山东菜的著名老字号，是旧京城“八大楼”之一。其山东菜，招牌菜就算是葱烧海参了，发得很透，弹牙润滑，海参特有的鲜香和葱香结合得恰到好处。

白魁老号饭庄

有种国营饭馆的感觉，可以买到饭庄自制的各种清真小吃，口味很地道。过去，每逢农历二月初“中和节”，北京人习惯吃面条。这里的“烧羊肉面”名声大噪。

锦芳回民小吃店

是北京有名的小吃店。1926年由山东德州人满乐亭在崇文门外大街路东创建。店里的元宵、奶油炸糕、糖火烧、驴打滚、艾窝窝，都挺不错的。

02 / “挑食症”重度患者治疗秘方

小老虎澳门食店

地址：北京市朝阳区三里屯南 38 号楼一层
人均 50 元

美食家蔡澜先生推荐过的餐厅。从人山人海的太古里南区一拐弯，走上人烟渐少的小路，街边的小老虎食店清新又别致，不失为三里屯躲避人潮的觅食好去处。招牌是澳门风味的老虎米。古朴的公鸡碗里，汤底清澈、排粉筋道，碗面上铺着鱿鱼圈、牛腩和鱼丸，清新爽利的卖相让人一见就心生欢喜。咖喱鱼蛋筋道弹牙，酱汁浓郁；萝卜牛杂炖煮得软糯入味，轻轻松松就可以嚼烂吞掉，而那一股荤香中带着清甜的味道，便也回荡在唇齿间了。

经典牛杂

劲爆老虎米（鱼蛋牛丸）

南门涮肉（朝阳路店）

地　　址：北京市朝阳路高碑店乡兴隆庄甲 8 号（近兴隆公园北门）

人均 110 元

麻溜地到南门涮肉吃一碗全北京最好吃的麻酱小料吧，听说吃涮羊肉麻酱得讲究。略可惜的是，变绿君和一帆是南方人，万物皆可蘸酱，南方人永远理解不了其中的美味。

咖喱鸡排饭

日本朝啤酒

铃木食堂

前门店地址：北京市杨梅竹斜街 11-14（近大栅栏商业区）
人均 76 元

从南锣的局促小店，到现在的四家连锁，火一时不难，火几年不易。北京夫妇周宁（微博：@ 铃木兔子），朱迪（微博：@ 食堂里的朱老板）与铃木先生的第四家铃木食堂依旧在古老的胡同里，前门杨梅竹斜街。自然采光，装饰简洁，日本食堂常见的咖喱，盖饭，汉堡肉饼……不为吃饭，只是恰如其分地打发时间来坐坐也是舒服的。一定提前订位，不然等都未必有位。

祖母的厨房

北新桥店地址：北京市北新桥石雀胡同 28 号（地铁北新桥站 C 口）
人均 108 元

推荐北新桥店，唯一一家能住的祖母的厨房，有露台，有阳光房，有藤萝架下的座位……北京城里再难找了。猫、狗很多，东西很好吃，分量也足。非常值得去的一家，田园风格，北京的四合院跟西方的田园完美结合。小格子的桌布，给人特别温馨的感觉，美得没话说。

墨西哥风味长柄锅

四季民福烤鸭店（故宫店）

地址：北京市南池子大街 11 号故宫东门旁（距地铁 1 号线天安门东站 B 东北口步行 780m）
人均 157 元

Holy！脆脆的鸭皮，刀功到位，入口大小适中，肥而不腻。提供服务的小哥哥，颜值又挺可以，面浮淡淡微笑。鸭肉香弹可口，配上清爽的黄瓜。一切还落脚在“性价比”三字上。不过，最近听说涨价了。大家走过路过不要错过，万一还要涨价呢？

玫瑰红烤羊排（北新桥三条店）

地　址：北京市北新桥三条 49 号（161 酒店斜对面）距地铁 5 号线北新桥站 B 东北步行 850 米

人均 115 元

所谓玫瑰红羊排是将羊排经过红酒和一些香料腌制之后，先进烤箱吊起来 360° 全方位无死角进行烤制，烤制到不知道什么程度的时候，拿着刀顺着羊排的骨头哗啦哗啦给划开，然后又平放在烤架上进行炙烤，这样能够使羊排的表面达到一种刺啦刺啦地微微焦脆的口感，衬托出表皮之下肉肉的鲜嫩可口。

萬事如意

3

正方形的颐居

说起北京的居所，最著名的就是四合院了！到底什么才是四合院呢？据考证四合院的雏形，在西周时期就有了，距今已经有3000多年的历史，融合了大中华几千年的风水知识和文化精髓，大至院墙厅堂，小至画栋雕梁，每个细节都是中华文化的瑰宝。我们现在熟悉常见的四合院出现在明清时期，除了用于居住的房屋，通常还有游廊，因此四合院的占地面积不能小于450平方米，小于450平方米的就不能叫四合院了，只能叫三合院或二合院。最标准的四合院格局也叫三进院。基本配置有：宅门、影壁、倒座房、垂花门、抄手游廊、东厢房、西厢房、庭院、耳房、正房、后罩房。垂花门外为一进院，通过垂花门后的大院为二进院，正房后的后罩房为三进院。

四合院建筑的布局，有南北纵轴对称布置和封闭独立的院落这两个基本特征。因此，由四面房屋合围起的院落，是四合院最基本的配置，称为一进四合院；两个院落即为二进四合院，三个院落为三进四合院，以此类推。俯瞰不同规格的四合院会发现，一进院落呈“口”字形，二进院落为“日”字形，三进院落则是“目”字形。另外，根据主人的要求，还会纵向拉长四合院的结构，出现四进、五进的院落，或者出现横向还带花园带跨院的组合式布局。《红楼梦》中地位崇高的贾母住的便是五进四合院。各

传统四合院瓦当

种皇宫庙宇，其实都是放大版的四合院，其基本特征跟四合院完全一致。变绿君之所以在这里啰唆这种建筑，是因为该形式在近些年已经渐渐消失，但却成为大家熟知的“北京符号”。有可能的话，大家完全可以留意下在四合院里的民宿酒店，体验一把北京的“庭院深深深几许”。

毕竟要买下座四合院再体验一把，那是绝对的文化土豪梦。因为长期缺乏修缮，以及城市发展，北京四合院自清朝演变至今，只剩下 3000 多间了，其中属于私人财产、能够上市交易的不足 10%，而保存完好或精美的，更是少之又少。说来也是有趣，四合院价值真正被全国人民所熟知，竟是因为一对名人的离婚事件。2013 年默多克和邓文迪离婚时，他们那套 10 年前花费 1000 万人民币购置的四合院，价值已经 1 亿元。10 年 10 倍的价格惊呆了一大票吃瓜群众，从此四合院可谓“声名大噪”！ 传说中北京最

贵的四合院是位于什刹海鸦儿胡同的临湖四合院——亥四合院。这个面积多达3000多平方米的四合院，2007年由俄罗斯富豪以1.1亿的价格买下，据说光装修就花了3亿，如今估价已达15亿，相当于近50万元每平方米！而且人家并没有挂牌出售的意思。

更多关于四合院的鉴赏等信息，北京经过3年、16个区县的摸底整理，已经把近1000个有价值的四合院收录在了《北京四合院志》里，有兴趣的可以看看。变绿君提示一下，垂花门就是四合院的视觉焦点，喜欢四合院的朋友，绝对不能错过四合院的垂花门。

北京的片儿子
鼓楼
鼓楼东大街
地安门外大街
地安门

01 / **胡同们**

想当年，北京的胡同是大胡同 360，小胡同赛牛毛，可以说，北京的胡同是北京人的根。而现如今，北京的胡同一天比一天少了，听说是以每年 50 条的速度消失着，到现在只剩不到 1000 条，完整保存传统格局和风貌的仅剩 430 条。传说中的北京胡同应该是夏有鸟叫蝉鸣，秋有叶洒黄金，春有树遮碧空，冬有雪挂枝头地存在着，没有那么多的蹬三轮，也没有那么多游人。

南锣鼓巷

想看老北京的胡同，南锣鼓巷算是大众推荐的首选，《时代》周刊推荐的亚洲旅游首选地，南锣鼓巷榜上有名，可惜，汹涌的人潮淹没了这里的老北京风情，记忆中的老胡同，也随之渐行渐远。

南锣鼓巷是北京最古老的街区之一，至今已有740多年的历史。这片街区历经沧海桑田，住过无数名人，也发生过无数故事。我们不知道有多少人和事消逝在历史中，只有现存的一些遗迹，能告诉我们当年的时代风流。

僧王府

进南锣鼓巷南口东面的第一条胡同，是炒豆胡同。这条胡同最著名的应该是77号院，这里是清道光朝科尔沁郡王僧格林沁的王府。原僧王府规模很大，前门在炒豆胡同，后门在板厂胡同，民国后，府第逐渐被其后代拍卖，被分成了许多院落。

中央戏剧学院

顺着南锣鼓巷往北走，东边的第三条胡同是东棉花胡同，中央戏剧学院就坐落在这里。历史记载，这里原是北洋政府代理国务总理靳云鹏的旧宅。

茅盾故居

茅盾故居位于后圆恩寺胡同 13 号，和这一地区的许多深宅大院相比，茅盾故居很不起眼，仅是一座不大的两进四合院。

蒋介石行辕

后圆恩寺胡同 7 号是一座坐北朝南、中西合璧的建筑，原是清代庆亲王次子载旉（fū）的府邸，民国时曾卖给法国人，抗战胜利后，这里成为蒋介石的行辕，蒋介石来北平即下榻于此。

除此而外，这里还有可园、后邸、绮园等古址，如今的南锣鼓巷，用面目全非这个词形容似乎有些过了，但总归是变了很多。

Tip：北京的胡同之最

北京的胡同之多，可谓是“有名的胡同三千六，没名的胡同赛牛毛”，当然，如今北京的胡同与从前相比，那是少了太多。不过就算胡同再少，有些胡同依然大名鼎鼎。

最长的胡同

东交民巷是目前北京最长的胡同，它西起天安门广场东路，东至崇文门内大街，全长近3千米，这里曾是外国使馆区，周边分布着大量西洋建筑。

最短的胡同

一尺大街是北京目前最短的胡同，虽号称“大街”，其实还是胡同，长约30余米。

最宽的胡同

目前，最宽的胡同当数灵境胡同，位于北京市西单地区一条东西向的胡同，东起府右街，西至西单北大街，因先后扩充，现最宽处已达到30多米。

最窄的胡同

最窄的胡同应该是大栅栏地区的钱市胡同，全长55米，平均宽仅0.7米，最窄处仅0.4米，两人对面走过都要侧身而行，这里有清代官办的银、钱交易的“钱市”遗存，是早期金融市场的雏形。

02 / 人力三轮车的来历

有一项在老四九城穿梭的体验方式就是乘坐人力车了，大家不妨体验一下。中国最早出现人力车是在清朝的光绪年间，它是由东洋（日本）传进中国的，在全国，北京是最早有人力车的地方。人力车在不同地区有不同的名称，在我国北方它叫洋车、“胶皮”，在南方叫黄包车、东洋车。当年慈禧太后曾坐过的铁皮车（这部车现陈列在颐和园内）是中国最早的一辆人力车。叫它铁皮车，是因为那辆车的两个轱辘是用铁皮制成的，这辆黄色油漆的御用车，车厢是方形的，比较宽敞，垫子是黄龙缎子做的。自慈禧用的铁皮车出现以后，街市上就陆续出现了铁皮车，形状大致相同，颜色一般都是黑色或棕色的。直到 1937 年日本帝国主义侵占华北，才出现了三轮车，并且逐渐由三轮车取代人力车，人力车车夫也就大都改为三轮车车夫了。北京出现的第一辆三轮车，是旧官僚江朝宗乘坐的，他坐的那辆车是日本人赠送的。到 1949 年中华人民共和国成立，人力车才完全消失。

Part 2 那是一个黄圈圈——故宫博物院

太和殿前，左右各安一隅的嘉量与日晷似乎还在倾诉着昨日的壮阔与辉煌；东西六宫里，年轻的背影在树影婆娑下暗自思忖；三百零八支大水缸中，波光点点唱出一曲厚重沧桑的挽歌；筒子河玄武门外，两军对峙，剑拔弩张，战争一触即发；1924 年 11 月 5 日 16 时 10 分的一队车马徐徐驶出，故宫如同凤凰涅槃，浴火重生。这里，是故宫博物院，和我们一起走进它吧，感受历史的心跳。

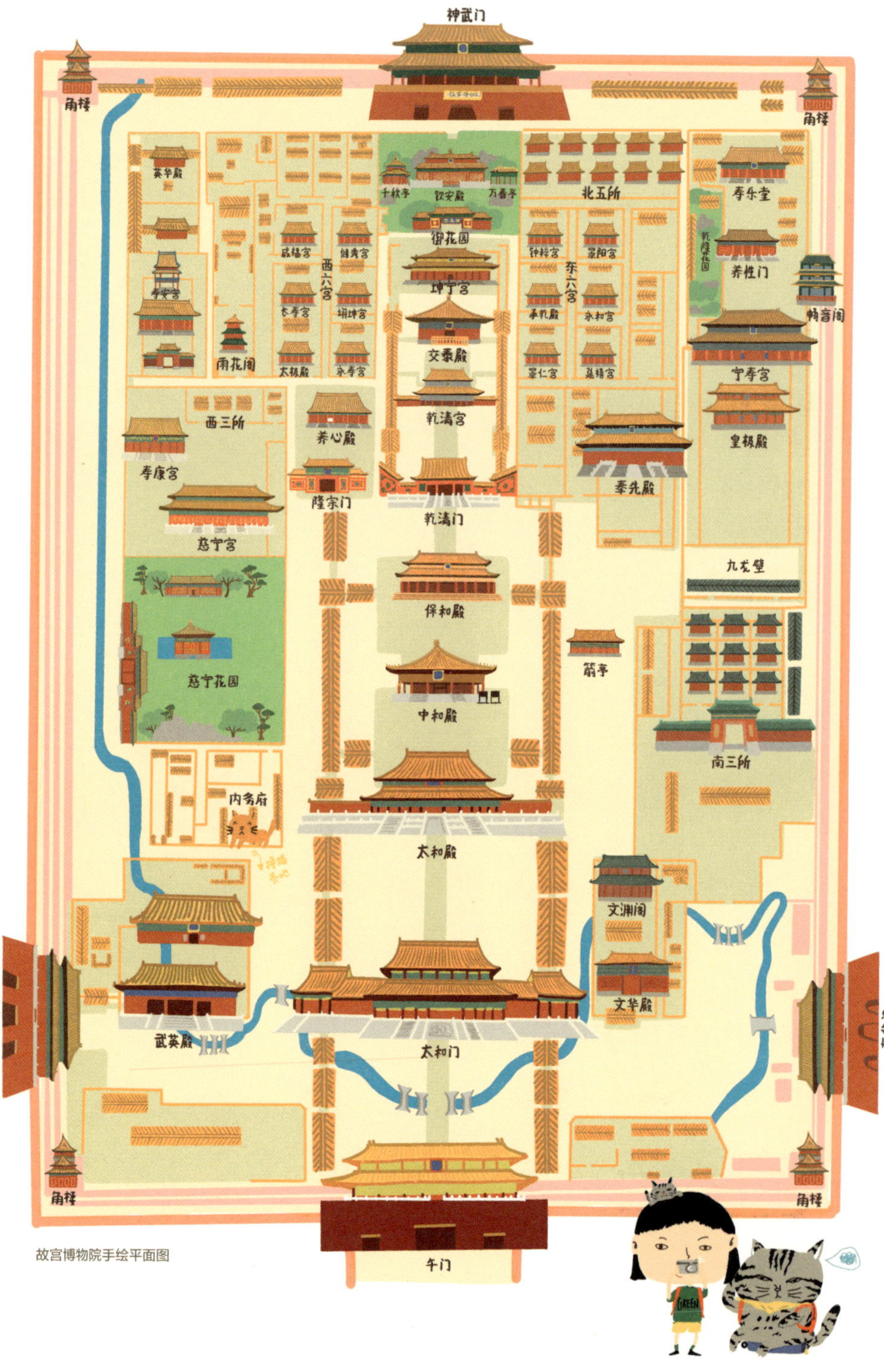
神武门
角楼
角楼
英华殿
千秋亭
钦安殿
万春亭
北五所
御花园
咸福宫
储秀宫
西六宫
寿安宫
长春宫
翊坤宫
雨花阁
太极殿
永寿宫
坤宁宫
交泰殿
乾清宫
钟粹宫
景阳宫
东六宫
承乾宫
永和宫
景仁宫
延禧宫
乾隆花园
养性门
畅音阁
宁寿宫
皇极殿
西三所
寿康宫
养心殿
隆宗门
乾清门
奉先殿
慈宁宫
九龙壁
保和殿
慈宁花园
箭亭
中和殿
南三所
内务府
太和殿
文渊阁
文华殿
西华门
东华门
武英殿
太和门
角楼
角楼
午门

故宫博物院手绘平面图

1 故宫物语

01 / 故宫 ABC

故宫位于北京市中心，旧称紫禁城。于明代永乐十八年（1420）建成，这里曾居住过 24 个皇帝，是明清两代（1368—1911）的皇宫，现辟为“故宫博物院”。故宫的宫殿建筑是中国现存最大、最完整的木质结构的古建筑群，总面积达 72 万多平方米，有殿宇宫室九千九百九十九间半，被称为“殿宇之海”，整个建筑金碧辉煌，庄严绚丽，气魄宏伟，极为壮观。其全部建筑由“前朝”与“内廷”两部分组成，外朝以太和、中和、保和三大殿为中心，文华、武英殿为两翼。内廷以乾清宫、交泰殿、坤宁宫为中心，东西六宫为两翼，布局严谨有序。另有一条中轴贯通着整个故宫，这条中轴也是北京城的中轴线。前述的三大殿、后三宫、御花园都位于这条中轴线上。四周有高 10 米、长 3400 米的城墙围绕。四面由 52 米宽的筒子河环抱。城四角有精巧玲珑的角楼。四面各有一门，正南是午门，为故宫的正门。无论是平面布局、立体效果，还是形式上的雄伟堂皇，故宫都堪称无与伦比的杰作。

现在，故宫收藏有大量古代艺术珍品，据统计共达 1 052 653 件，占中国文物总数的六分之一。故宫是中国收藏文物最丰富的博物馆，也是世界著名的古代文化艺术博物馆。故宫将文物展览与建筑艺术相结合，充分展现了一个万民瞻仰的文化符号的魅力。关于故宫这堆大积木、大乐高，有哪些去过无数次故宫都会忽略的基本知识点呢？

Tip: 故宫博物院基本信息

开放时间：旺季（4 月 1 日—10 月 31 日）8：30—17：00

淡季（11 月 1 日—3 月 31 日）8：30—16：30（周一闭馆）

地　　址：北京市东城区景山前街 4 号

交　　通：乘坐公交车或地铁，在天安门东或者天安门西下车

官方网址：https://www.dpm.org.cn/Home.html

故宫设计者是谁？

故宫这样宏伟梦幻的建筑，是谁构思设计的呢？又是谁勇敢地当起了包工头呢？这通常是一个不在故宫解说词里的话题，甚至难倒不少老北京。由于这是承皇命而为的大作，而且工程艰难，建造所需的木材，在明代时，大多采自四川、广西、广东、云南、贵州等地，无数劳动人民被迫在崇山峻岭中的原始森林里伐运木材。所用石料多采自北京远郊和距京郊二三百里的山区。每块石料往往重达几吨甚至几十、几百吨，如现在保和殿后檐的台阶，有一块云龙雕石重约 250 吨。就算是再巧夺天工的能工巧匠也被历史的迷雾模糊了尊姓大名，目前大多数人都认为故宫是明代一位姓蒯名祥、人称“蒯鲁班”的杰出匠师设计的。

故宫博物院古建部高级工程师于倬云先生对此提出了不同意见：曾经参加建造南京宫殿的蒯祥是故宫的设计者这个说法不确切，其实，蒯祥只是故宫的施工主持人，故宫真正的设计人应该是名不见经传的蔡信。永乐十五年（1417）紫禁城宫殿开始进入大规模施工高潮时，蒯祥才随朱棣从南京来到北京，开始主持宫殿的施工，而在此之前，蔡信已主持故宫和北京城的规划、设计和建造了。

要到哪里才能偶遇皇帝呢？

现在很多人都误认为太和殿平时是用于上朝的，其实不是这样的。太和殿其实是用来举行各种典礼的场所，实际使用次数很少，纵观明清，皇帝上朝的地方主要在太和门、乾清门（为御门听政）、乾清宫（有大事或重

要的事情时皇帝召见大臣所在地），还有养心殿（垂帘听政，清朝后期）。清朝自雍正之后养心殿成为皇帝在故宫内的实际居所。清同治年间慈禧、慈安二太后垂帘听政就在养心殿东暖阁。顺道八卦一下各朝各代的“面圣佳选”：秦咸阳宫，西汉未央宫，东汉崇德殿，晋景仁宫，唐大明宫、太极殿、含元殿，宋文德殿、宣和殿，南宋大庆殿，让你转角遇到皇帝老爷。

故宫为何『龙』多？

看过清宫戏《延禧攻略》的人很多，只是不知道有多少人注意到聂远饰演的皇帝身上的那条龙。紫禁城是龙的世界，在我国封建社会，皇帝被称作“真龙天子”，是大地的主宰。龙的造型千姿百态，龙的正统形象是一种有“九似”的生物，项似蛇，腹似蜃，鳞似鲤，爪似鹰，头似驼，掌似虎，耳似牛，眼似虾，角似鹿。先民看来是把能找到的动物都安到龙身上了。紫禁城是明清两朝的皇宫，因此，宫中的殿堂、桥梁、丹陛、石雕以及帝后宝玺、服饰御用品等无不以龙作为纹饰。那么，故宫里到底有多少龙？恐怕谁也说不清。以前有人粗算过，故宫号称有宫殿 8000 多间，仅以每殿有 6 条龙计算，就有龙近 4 万条。据故宫工作人员花了几个月的时间不完全统计，仅太和殿就有 13844 条龙。太和殿顶屋脊及瓦当、滴水等共有龙纹 2632 条，外檐额枋及门窗彩绘包括饰件共有龙纹 5732 条，殿内檐及殿内梁枋天花上共有龙纹 4037 条，殿中金柱、藻井、宝座、屏风及陈设上共有龙纹 609 条，殿内墙壁及暖阁门罩等共有龙纹 542 条。这是个尚不完全的统计，太和殿内外的龙纹、龙雕等各种形式的龙就有 13844 条之多。这种万龙朝圣的装潢设计，构成了一种威严神秘的氛围，以获得神化皇帝、恫吓臣民的效果。

王志远 / 摄

02 / 北京故宫大事记

1416 年 明成祖朱棣颁诏迁都北京，下令仿照南京皇宫营建北京宫殿。

1420 年 北京宫殿竣工。次年发生大火，前三殿被焚毁。

1440 年 重建前三殿及乾清宫。

1557 年 紫禁城大火，前三殿、奉天门、文武楼、午门全部被焚毁，至 1561 年才全部重建完工。

1597 年 紫禁城大火，焚毁前三殿（太和殿、中和殿、保和殿）、后三宫（乾清宫、交泰殿、坤宁宫）。复建工程直至 1627 年（天启七年）方完工。

1644 年 李自成军攻陷北京，明朝灭亡。李自成撤退前焚毁紫禁城，仅武英殿、建极殿、英华殿、南熏殿、四周角楼和皇极门未焚，其余建筑全部被毁。同年清顺治帝从沈阳迁都至北京。此后历时 14 年，将中路建筑基本修复。

1683 年 开始重建紫禁城其余被毁建筑，至康熙三十四年基本完工。

1735 年 清高宗弘历即位，此后 60 年间对紫禁城进行大规模增建和改建。

1813 年 天理教教徒林清率起义军攻打紫禁城。

1900 年 八国联军攻陷北京，在紫禁城阅兵。

1911 年 武昌起义爆发，清废帝溥仪退位。但按照与“中华民国”签订的优抚条件，仍然居住于紫禁城内。

1923 年 建福宫发生火灾。

1924 年 冯玉祥发动“北京政变”，驱逐清废帝溥仪。

1925 年 在原紫禁城的基础上建立故宫博物院。

1933 年 故宫博物院文物南迁，以躲避日本侵略。

1948 年 故宫博物院南迁文物部分运往台湾。

1949 年 北平（即北京）稳定后，故宫博物院恢复开放。

1961 年 经国务院批准，北京故宫被定为全国第一批重点文物保护单位之一。

1987 年 北京故宫被联合国教科文组织列入世界文化遗产名录。

2002 年 北京故宫开始进行为期 19 年的大修。

03 / 故宫的房子们

故宫严格地按《周礼·考工记》中“前朝后寝，左祖右社”的帝都营建原则建造。整个故宫，在建筑布置上，用形体变化、高低起伏的手法，组合成一个整体。在功能上符合封建社会的等级制度，同时达到左右均衡和形体变化的艺术效果。放眼望去，故宫建筑屋顶满铺各色琉璃瓦件。主要殿座以黄色为主，绿色用于皇子居住区的建筑，其他蓝、紫、黑、翠以及孔雀绿、宝石蓝等五色缤纷的琉璃，多用在花园或琉璃壁上。故宫宫殿是沿着一条南北向中轴线排列，三大殿、后三宫、御花园都位于这条中轴线上。

故宫前部宫殿，当时建筑造型要求宏伟壮丽、明朗开阔，象征封建政权至高无上，太和殿坐落在紫禁城对角线的中心，四角上各有十只琉璃吻兽稳重有力地吞住大脊，栩栩如生。还有一部分瓦件塑造出龙凤、狮子、海马等立体动物形象，象征吉祥和威严，故宫的设计者认为这样可以显示皇帝的威严，震慑天下。后部内廷则要求庭院深邃，建筑紧凑，因此东西六宫都自成一体，各有宫门宫墙，相对排列，秩序井然。内廷之后是御花园，有岁寒不凋的苍松翠柏，有秀石叠砌的玲珑假山，楼、阁、亭、榭掩映其间，幽美而恬静。建筑学家们认为故宫的设计与建筑，实在是无与伦比，它的平面布局，立体效果，以及形式上的雄伟、堂皇、庄严、和谐，建筑气势雄伟、豪华壮丽，是中国古代建筑艺术的精华。

王志远 / 摄

那我们看到这么多房子会不会傻傻分不清？比如我们常说宫殿宫殿，是不是宫比殿高级？是否格格郡主们住的是斋，毕竟有大名鼎鼎的漱芳斋嘛，而阿哥太子们住的是宫？所以我们先来预习一下它们的建筑形制吧。

一 “殿”：殿是故宫内等级最高的建筑，建筑体量往往也比较大。殿一般用作皇帝居住和朝会的地方，也可用来供奉神佛。如太和殿、钦安殿等。

二 “宫”：宫本来是指大型的房屋，后来成为皇帝的专利。宫和殿的分别主要在功能上。所谓“国事曰殿，家事曰宫” 如：顺治年间和康熙初年，皇帝都住过保和殿，但当时分别将保和殿改名为“位育宫”和“清宁宫”。宫的代表有乾清宫、宁寿宫等。

三 “阁”：阁是指类似楼房的多层建筑。通常可以用来远眺、游憩、藏书和供佛之用。如：体仁阁、文渊阁。

四 “楼”：楼是指两层和两层以上的房屋，作用和阁类似。但故宫的楼中有一个明星角色，就是“角楼”，角楼虽然只有一层，但仍然被称作楼。常听到的有阅是楼、云光楼。

五 “斋”：斋一般是指书斋或学舍。如大名鼎鼎的淑芳斋，就曾是乾隆旧时读书的地方。但也有的斋用来供奉佛像，如位育斋在雍正年间就用作佛堂。故宫的斋形式有淑芳斋、倦勤斋等。

六

“轩”：轩本意是指书房或敞厅类的建筑，多用于园林建筑。像是乾隆花园中的古华轩，就是一座大的敞厅。但故宫内也有些轩已经改变了原本的功能和样式，如：丽景轩、绛雪轩，仅仅只是沿用了“轩”的名字，建筑的形式几乎没有任何“轩”的影子。当然这里简单讲了几个主要的款式，更多信息还期待大家自己探索哦。

午门

04 / 故宫四门

前面提过故宫是一个特大的四合院，而四合院的一个特色就是关起门来自家天所以我们先来聊聊故宫的大门，也就是具体界定一下故宫的范围。紫禁城有四个大门，正门名为午门。其平面为凹形，宏伟壮丽。午门后有五座精巧的汉白玉拱桥通往太和门。东门名东华门，西门名西华门，北门名神武门。

故宫午门俗称五凤楼。东西北三面以 12 米高的城台相连，环抱一个方形广场。有 1 组建筑，正中有重楼，是重檐庑殿顶，在左右伸出两阙城墙上，建有联檐通脊的楼阁四座，明廊相连，两翼各有 13 间的殿屋向南伸出，四隅各有高大的角亭，辅翼着正殿。这种形状的门楼称为“阙门”，是中国古代大门中最高级的形式。这组城上的建筑，巍峨壮丽，是故宫宫殿群中第一高峰。午门是皇帝下诏书、下令出征的地方。每遇宣读皇帝圣旨、颁发年历书，文武百官都要齐集午门前广场听旨。午门当中的正门平时只有皇帝才可以出入，皇帝大婚时皇后进一次，殿试考中状元、榜眼、探花的三人可以从此门走出一次。文武大臣进出东侧门，宗室王公出入西侧门。

上 / 神武门
中 / 西华门
下 / 东华门

北门神武门，明朝时为“玄武门”，玄武为古代四神兽之一，从方位上讲，左青龙，右白虎，前朱雀，后玄武，玄武主北方，所以北宫门多取名“玄武”。清康熙年间因避讳改称“神武门”。神武门也是一座城门楼形式，用的是最高等级的重檐庑殿式屋顶，但它的大殿只有五开间加围廊，没有左右向前伸展的两翼，所以在形制上要比午门低一个等级。神武门是宫内日常出入的门禁。现神武门为故宫博物院正门。想拍故宫博物院招牌的小主们，记得逛完园子回头呀，回头！回头！

故宫角楼

东华门与西华门遥相对应，门外设有下马碑石，门内金水河南北流向，上架石桥 1 座，桥北为 3 座门。东华门与西华门形制相同，平面矩形，红色城台，白玉须弥座，当中辟 3 座券门，券洞外方内圆。城台上建有城楼，黄琉璃瓦重檐庑殿顶，城楼面阔 5 间，进深 3 间，四周出廊。由于早年故宫博物院研究部门办公室靠近东华门，现如今东华门外又有好多好吃的，因此变绿君和一帆通常是从这个门进出。

除了四大门神，哦不，是四大门！嘴快了一下，还有一个社交媒体网红地点——角楼，不容错过。角楼高 27.5 米，十字屋脊，三重檐迭出，多角交错，是结构奇丽的建筑。如今，故宫中的网红地点已经成为越来越多网友来故宫的首要原因。像角楼这种经典打卡地，多少人拿着长枪短炮、占据最佳地理位置，就为了拍一张照片。另外，除了四大门之外，当你穿过午门长长的门洞，一个广阔的大庭院会出现，当中有弧形的内金水河横亘东西，北面就是外朝宫殿大门——太和门，左右各有朝房廊庑。金水河上有 5 座桥梁，装有白色

左雄右雌铜狮
王志远 / 摄

汉白玉栏杆，随河宛转，形似玉带。太和门是紫禁城外朝宫殿的正门，北京故宫最大的宫门，始建于明永乐年间，初称奉天门，曾一度改称皇极门。门内为太和殿（俗称金銮殿），堪称中国古代规格最高的门。现存建筑为清光绪十五年（1889）重建。面阔 9 间，进深 3 间，建筑面积 1300 平方米。重檐歇山顶，汉白玉基座，梁枋等彩绘。门前铜鼎四只，为明代铸造的陈设铜器。列铜狮一对，左雄右雌，威武凶悍，是故宫六对铜狮中最大的一对。

05 / 三大殿

太和门内，在 3 万多平方米开阔的庭院中，是外朝的中心：太和殿、中和殿、保和殿，统称三大殿（明朝称奉天殿、华盖殿、谨身殿，嘉靖时改名皇极殿、中极殿、建极殿，现名为清朝时名称）。太和殿、中和殿、保和殿都建在汉白玉砌成的 8 米高的“工”字形基台上，太和在前，中和居中，保和在后，远望犹如神话中的琼宫仙阙。基台三层重叠，每层台上边缘都装饰有汉白玉雕刻的栏板、望柱和龙头，三台当中有三层石阶雕有蟠龙，衬托以海浪和流云的“御路”。

在25000平方米的台面上有透雕栏板1415块，雕刻云龙翔凤的望柱1460个，龙头1138个。用这样多的汉白玉装饰的三台，造型重叠起伏，这是中国古代建筑上具有独特风格的装饰艺术。而这种装饰在结构功能上，又是台面的排水管道。在栏板地栿石下，刻有小洞口；在望柱下伸出的龙头也刻有小洞口。每到雨季，你猜会发生什么？

太和殿

电视连续剧《康熙微服私访记》前面有一首儿歌：“金瓦金銮殿，皇上不坐殿，一朝出了午门口，一个鼻子两只手。金瓦金銮殿，皇上看不见。一朝出了午门口，百姓的事儿牵着走，牵着走。”被俗称“金銮殿”的地方通常被认为就是“太和殿”，但是也有文本考证指出，其实金銮殿是一种泛指，就是皇帝理政治国的地方。但是太和殿无论如何都是皇宫紫禁城的“门脸子”，作为进宫最先看到的大殿，太和殿高 35.05 米，东西 63 米，南北 35 米，太和殿面积约 2380 多平方米。长宽之比为 9 ： 5，寓意为九五之尊。太和殿面积是紫禁城诸殿中最大的一座，也是中国最大的木构殿宇，而且形制也是最高规格的建筑，大约从 14 世纪明代起，重檐庑殿成了封建王朝宫殿等级最高的形式。具体来看，太和殿是五脊四坡大殿，从东到西有一条长脊，前后各有斜行垂脊两条，这样就构成五脊四坡的屋面，在建筑上叫庑殿式。檐角有 10 个走兽（分别为龙、凤、狮子、天马、海马、狻猊、押鱼、獬豸、斗牛、行什）。太和殿有直径达 1 米的大柱 72 根，其中 6 根围绕御座的是沥粉金漆的蟠龙柱。殿内有沥粉金漆木柱和精致的蟠龙藻井，殿中间是封建皇权的象征——金漆雕龙宝座，设在殿内。太和殿是皇帝举行重大典礼的地方，皇帝即位、生日、婚礼等都在这里庆祝。

中和殿

中和殿是一个候场 standby 的地方。其实中国人自古就有超越现代后宫剧的表演欲，而中和殿就是这么个地方，你可以称其为“演练场”，作为太和殿的后场，它就是给太和殿上的大戏做前期工作的地方，是皇帝去太和殿举行大典前稍事休息和演习礼仪的地方。皇帝在去太和殿之前先在此稍做停留，接受内阁大臣和礼部官员行礼，然后进太和殿举行仪式。皇帝祭祀天地和太庙之前，也要先在这里审阅一下写有祭文的“祝版”；在到中南海演耕前，也要在这里审视一下耕具。中和殿高 27 米，平面呈正方形，面阔、进深各为 3 间，四面出廊，金砖铺地，建筑面积 580 平方米。黄琉璃瓦单檐四角攒尖顶，正中有鎏金宝顶。四脊顶端聚成尖状，上安铜胎鎏金球形的宝顶，在建筑上叫四角攒尖式。

保和殿

保和殿是个很神奇的地方，你说它很严肃重要，可以，那可是皇帝面见天子门生，大家寒窗多年一朝成名的殿试考场；你说它很放松休闲，也行，因为那是皇帝老爷每年过年吃团圆饭的地方，是一家子大大小小老老少少阖家欢聚的地方。这个提示了儒家“家国天下”思想的地儿高 29 米，平面呈长方形，面阔 9 间，进深 5 间，建筑面积 1240 平方米，黄琉璃瓦重檐歇山式屋顶。屋顶正中有一条正脊，前后各有 2 条垂脊，在各条垂脊下部再斜出一条岔脊，连同正脊、垂脊、岔脊共 9 条，在建筑上叫歇山式。

隆宗门上的箭镞

06 / 内廷

故宫建筑的后半部叫内廷，内廷宫殿的起点大门就是大名鼎鼎的乾清门了，左右有琉璃照壁。这个照壁是什么呢？变绿君在此百科一下，古人其实称之为“萧墙”。没错，就是你熟知的“祸起萧墙”的那个“萧墙”，以前人们认为自己宅中不断有鬼来访，据说小鬼只走直线，不会转弯，所以修上一堵墙，以断鬼的来路。穿过这道门，就是通常我们所谓的“后宫”了，即以乾清宫、交泰殿、坤宁宫三宫为中心，东西两翼有东六宫和西六宫，是皇帝处理日常政务之处，也是皇帝与后妃居住生活的地方。总体感觉呢，前半部建筑形象是严肃、庄严、壮丽、雄伟，以象征皇帝的至高无上。后半部内廷则富有生活气息，建筑多是自成院落，有花园、书斋、馆榭、山石等。

跨过乾清门，站在乾清宫前的广场上，视力好的看官老爷们可以留意一下左手边。清代在隆宗门曾发生过一场激烈的战斗——嘉庆十八年（1813）的“天理教”

农民起义。农民领袖林清策划并领导京畿一支队伍直接攻打紫禁城。9月14日，起义军乔装打扮，兵分两路，计划从东、西华门进入宫城。西华门一支在内应太监刘得才、刘金等人引领下迅速攻打到隆宗门，并在此展开激战。此次紫禁城之变，“酿成汉、唐、宋、明未有之事”，其实明代经常有人闯进宫里搞刺杀，这点一直是徘徊在变绿君心中的疑云。嘉庆皇帝破例向天下发了“罪己诏”。至今隆宗门匾额上还留有箭头，相传那便是那次战斗的遗迹。箭头位于匾额的左下侧。

其实很多人以为皇帝哥哥是坐在紫禁城最前面的大殿里，这其实就是完全不谙中国“藏锋”道理的想法。以前围棋大师吴清源写的书取名为《中的精神》，这是十分高妙的。所以皇帝主要的活动范围——乾清宫，是在最前面，但仅仅是在故宫内庭的最前面。其实在故宫走过的就知道，想要“面圣”无论是告御状还是刺杀，跑到一半都会有“拉倒吧”的打退堂鼓心理。作为内廷正殿，乾清宫高20米，重檐庑殿顶，两头有暖阁。殿的正中有宝座，内有“正大光明”匾。就是电视剧里最常见的上朝的模样。清康熙前此处为皇帝居住和处理政务之处。可是“很忙”的四爷雍正皇帝移居到了养心殿，但仍在此批阅奏报，选派官吏和召见臣下。

坤宁宫在故宫内庭最后面，重檐庑殿顶，两头有暖阁，为明朝及清朝雍正帝之前皇后的寝宫。

交泰殿在乾清宫和坤宁宫之间，含“天地交合、安康美满”之意。其建于明代，清嘉庆三年（1798）重修，是座四角攒尖、镀金宝顶、龙凤纹饰的方形殿。明清时，该殿是皇后生日举办寿庆活动的地方。清代皇后所谓亲蚕典礼，需至此检查祭典仪式的准备情况。清代的“宝玺”（印章）也收藏在这里。其实这里可以简单称为“皇后娘娘”露脸的地方，而这里的匾额是深奥的“无为”二字，有没有暗合自古皇后蛇蝎心肠的人设？

在后三宫东西庑，还有为皇帝存储冠、袍、带、履的端凝殿，放置图书翰墨的懋勤殿。南庑有皇子读书的上书房，有翰林学士承值的南书房，以及管理宫廷日常生活的处所。此外还有左右对称的日精门、月华门、龙光门、凤彩门、基化门、端则门、隆福门、景和门，连通妃子居住的东西六宫。

最后，逛园子逛到底就是坤宁宫后面的御花园啦。御花园里有高耸的松柏、珍贵的花木、山石和亭阁。御花园原名宫后苑，占地11000多平方米，有建筑20余处。以钦安殿为中心，园林建筑采用主次相辅、左右对称的格局，布局紧凑，古典富丽。殿东北的堆秀山，为太湖石叠砌而成，上筑御景亭，名为万春亭和千秋亭的两座亭子，可以说是目前保存的古亭中最为华丽的。

07 / 东西六宫

东西六宫是嫔妃居住的地方。这里敲一下黑板，清宫剧达人们，“宫院”背后的故事你知道吗？想一眼千年穿越回那梦里的大清朝或者大明朝吗？这些年，故宫在明清题材的古装宫廷剧里怒刷存在感，每个宫苑都有了独特的故事，带动很多观众直奔影视剧中主角所住宫苑。除了电视剧里的你侬我侬，作为一个有文化传承的观影者，我们还是要了解一下关于各宫的知识点，以便扶摇直上嘛。

（1）东六宫

东六宫在故宫中轴线东侧的东一长街，是一组由 6 个相同形式的院落组成的建筑。六宫分别为景仁宫、钟粹宫、承乾宫、景阳宫、永和宫、延禧宫。

景仁宫——光绪帝珍妃寝宫。

承乾宫——据说是顺治帝爱妃董小鄂的寝宫，董小鄂深受顺治宠爱，死后据说被追封为皇后，顺治也因此而出家避世。后来此宫成为养鱼养鸟之所。

钟粹宫——原名咸阳宫，为太子所住。清末为光绪帝隆裕皇后的寝宫。末代皇帝溥仪入宫后也曾在此宫住过。

延禧宫——数次遭受火烛之灾，遂在后来改名为水晶宫。张勋复辟时此宫被毁，后来在原址上建了一座新式库房，这是故宫中第一座钢筋水泥建筑。一部《延禧攻略》，就成功把故宫里的延禧宫、长春宫给带火了，不少观众进了午门直奔延禧宫，要感受一下魏璎珞的宫中生活。但是延禧宫在道光、同治年间遭遇火灾，已被烧得只剩下一圈院墙和一道延禧门。光绪年间，瑾妃试图将延禧宫建设成一座西洋风格的水殿来镇住火灾，然而还没修建好，清朝就灭亡了。所以现在的延禧宫，外形和剧中大相径庭，还被故宫原院长单霁翔称为故宫的“烂尾楼”。

永和宫——原为永安宫，崇祯时改叫此名，光绪帝的瑾妃曾居于此。现与承乾宫同为历代陶器馆。

景阳宫——明孝靖皇后曾居此宫，康熙二十五年改为藏书之所。

现在东六宫大都已改为古代艺术品陈列馆，其中有明清工艺美术馆、陶瓷馆、青铜器馆、钟表馆、绘画馆、珍宝馆，以参观珍宝馆和钟表馆的人数最多。钟表馆设在奉先殿，珍宝馆设在东北角的乐寿堂。

（2）西六宫

西六宫指储秀宫、体和殿、翊坤宫、长春宫、体元殿和太极殿六座殿宇，位于乾清宫、交泰殿和坤宁宫即后三宫的西侧，与东侧面的东六宫对称而建。这六座宫殿因整齐有致地坐落于紫禁城的子午线西侧，因而被统一称作西六宫。当然，西六宫可能主要是色调大气沉稳的《甄嬛传》的主场了。

西六宫因为是慈禧太后在主政时居住的宫区，因此为了配合她个人的需要，西六宫区在体制上，并未和与之相对应的东六宫般完整，相反的，西六宫区依慈禧太后之命在清末多有改建：

慈禧太后居住在长春宫时，将长春宫和此宫前面的启祥宫打通，拆除了两宫之间的宫墙和宫门，并在原地新建了一座体元殿，又将启祥宫改称为太极殿，和体元殿一样作为长春宫的附属建筑。

储秀宫是慈禧太后一生中最重要的宫院，因此后来将之和储秀宫前的翊坤宫打通，在拆除两宫之间的宫墙和宫门后，又于原地新建一座体和殿，作为翊坤宫和储秀宫的连接之殿。

储秀宫和长春宫的打通又有些许不同。长春宫是和启祥宫之间完全打通，两宫之间并未有任何一堵宫墙与之隔开，只有一座体元殿作为前殿而已；储秀宫和翊坤宫虽然打通，还新建了一座体和殿，但在体和殿两侧，仍各有一道宫墙，与左右两侧原本的宫墙相连接，因此，只要将体和殿穿堂的宫门闭上，储秀宫和翊坤宫又可两相成为各自独立的宫院。

与前文提到的清宫剧相比，《甄嬛传》的粉丝们就不会失望，剧中甄嬛的永寿宫、华妃的翊坤宫、皇后的景仁宫，都是对外开放的，这三座宫殿都离乾清宫较近。明朝万历皇帝曾因乾清宫发生火灾，搬到时称毓德宫的永寿宫居住。到了清朝，永寿宫因为距离慈宁宫、养心殿最近，所以屡

翊坤宫

次作为筵宴场所，在公主下嫁时宴请女眷。永寿宫不是唯一一个“接待”过皇帝的宫苑，康熙帝是在东六宫里的景仁宫出生的，可谓是康熙的“龙诞之地”。更有意思的是，雍正年间住在景仁宫的不是皇后，而是熹妃，也就是剧中的甄嬛。

而翊坤宫一直是后妃住所。1885 年慈禧五十大寿，光绪帝为慈禧太后庆祝寿辰，连通了翊坤宫与其北边的储秀宫，慈禧太后在两宫中起居。

08 / 新晋网红打卡地

除了东西六宫外，《还珠格格》经久不衰，使得至今还有观众要来看看小燕子的漱芳斋。不过，现在的漱芳斋属于非开放区域，想要直奔漱芳斋的小伙伴们要扑空了。“我来到你的城市，走过你来时的路”，跨越几百年的触碰和感受，有点浪漫。变绿君和一帆还有一波强烈推荐。

箭亭广场

《国家宝藏》第一季选出的9件国宝在此展出，这里也是武备馆的展场，后文详叙。

奉先殿 宁寿宫

故宫常设的钟表馆、珍宝馆位于这两处。纪录片《我在故宫修文物》让故宫珍藏的奇妙钟表火了，同时也带火了设在奉先殿的钟表馆。

故宫冰窖 故宫角楼咖啡厅

最近，故宫冰窖、故宫角楼咖啡厅成了故宫的新晋网红。

故宫冰窖餐厅前身为宫廷冰窖，建于清乾隆年间，在古时为皇家御用。每年冬至筒子河冰冻结实后，会有专人将冰块切剁成一尺五寸见方，拉到冰窖内整齐码放，静待夏天启用。如今，不少前去体验的网友表示，冰窖冬暖夏凉，确实适合开发成餐厅。这家餐厅最大的特点就是——没有信号。“墙

冰窖餐厅

裂”推荐这里的烤鸭和炸酱面！跟外面的烤鸭做法不太一样，这儿的烤鸭肉质厚而且口感好，外头可吃不到。另外还要推荐故宫餐厅（景运门店），这儿的咖啡和牛肉面都很赞。故宫版农夫山泉也可以买一瓶回家，喝完水，瓶子可以做纪念。

“朕请你来角楼喝咖啡！”听起来像不像“某领导请你办公室喝茶”？故宫角楼咖啡位于城墙脚下，是不少文艺青年的必去景点。菜单上除了常规的美式、拿铁、意式浓缩，还有故宫特制的养心咖啡，尝起来是让人安心的栗子味。各款咖啡被打包在角楼咖啡的“宫廷”咖啡杯里，外包装纹样和配色的设计灵感均来源于故宫馆藏的传统服饰、字画以及建筑，设计古典雅致。早期推出了九款咖啡杯，不知道集齐 9 款咖啡杯能不能召唤个四爷呢?

王志远 / 摄

王志远 / 摄

2

今日的故宫

网红出新高度的故宫博物院原院长单霁翔先生在任期内搞了很多大动作，这其中就包括开放故宫，把故宫完整地交给下个 600 年。其实这些决策不是一蹴而就的，可是这几年的故宫变成什么样子了呢？简单地说，就是赋予看上面介绍的故宫的房子新的使命——展出文物。但是要做到这一步是多么不容易啊，单先生徒步故宫九千九百九十九间半的屋子的故事还徘徊在耳边。

角楼

01 / 城楼（故宫古建馆）

古建馆总体区域涵盖自午门至东华门段城墙、东南角楼、东华门和銮仪卫四个部分，形成一个立体的、生动的、视野开阔的大型展厅。东华门城楼设立“古建筑设计意匠”专题展览，分为“规划·意匠”“内檐装修·意匠”“瓦作·意匠”和“彩画作·意匠”四个部分。将古建筑构件、样式雷烫样和图纸等文物罗列起来，并设计栈道直通屋顶，可以近距离欣赏东华门建筑构件和彩画。走出展厅就自然置身在从东华门至午门的一段城墙中。这段实景城墙作为古建筑的主要通道和户外环境展示的重点，使观众可以身临其境地感受一把故宫城墙的结构与建筑之美。穿过城墙还可以进入设有“古建筑木结构”专题展览东南角楼，欣赏其构造的精美绝伦，并观看数字影视作品《角楼》；接下来的东华门下的銮仪卫区域，设置有“古建筑石作与保护”专题展览。一些各式各样有较高艺术水平的院藏石刻构件形成一个开放的石刻园区，使观众在城楼上可以居高临下地欣赏精美的石刻文物，在历史的氛围中感受之中沉浮之美。

02 / 武英殿（书画馆）

故宫博物院的中国古代书画，可谓收藏丰富。其中既有晋唐宋元的稀世孤本，也有明清各个画派名家的代表作品，清晰、系统的展陈，可让观众更加完整地了解中国古代书法与绘画艺术发展的脉络和相互间的关系。不仅如此，为了传承经典，也为了同世界分享中国传统书画艺术的博大精深，故宫每隔一段时间，还会分批展出历代书画家的精品佳作，以供广大老饕研究和欣赏。这里的分批呢，我们以前称为“故宫晒画”，变绿君还在学生时期，每半年都要去溜达一下，也过眼了不少佳作。关键是，你以为见过就老大了吗？下面变绿君又要啰唆一个良心环节——如何看一幅中国艺术品呢？遥想当年，我们摆过龙门，在《漫步大英博物馆》

书画馆

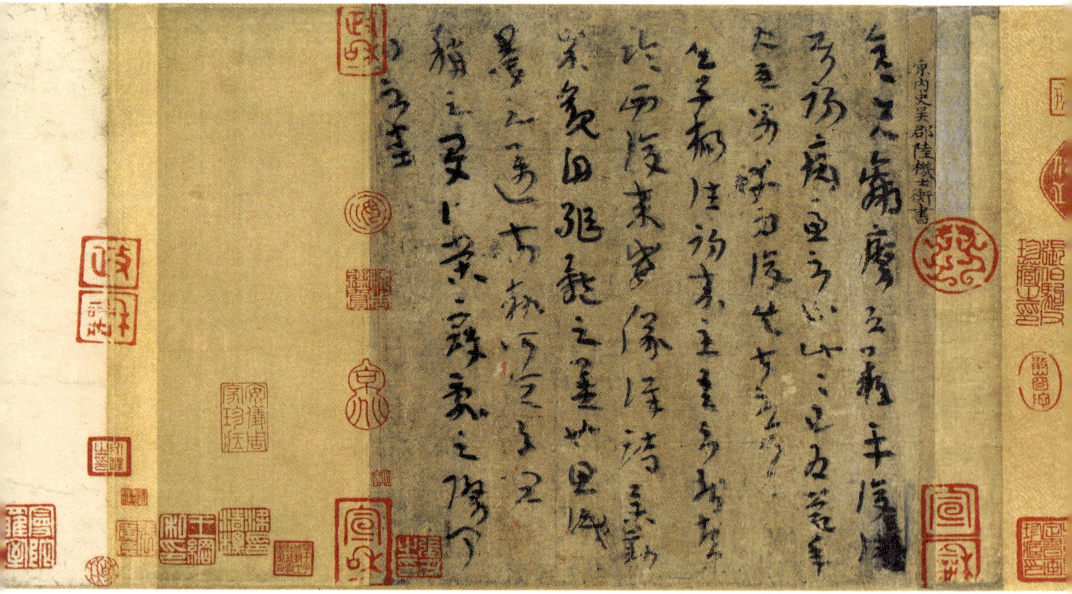

（西晋）陆机《平复帖》

中谈过荷尔拜因的《使臣》。今天就来解码一下我们自己家的东西吧。

有请《平复帖》上场，各位看官，瞅见变绿君颤抖的小腿了吗?

首先映入眼帘的9行字，这是最直观的部分。但是呢，该帖是由章草向今草演变的过渡书体，且是用秃笔写于麻纸之上，笔法质朴老健，笔画盘丝屈铁，结体茂密自然，富有天趣。不要被上述文绉绉的话恶心到，这种语言风格多多少少可以说是中国美术史必备文风。好的，关键问题来了，这9行字写了啥？别看只有9行，对于它的释文，历代藏家可伤了脑筋，明代收藏家、《平复帖》主人之一张丑，仅释读出14个字。重金求购的心头好，不知写的啥内容，你说有多郁闷？第一位将全文释读出来的是启功先生（20世纪60年代）。释文如下：

彦先羸瘵，恐難平復。往屬初病，慮不止此，此已為慶。承使（唯）男，幸為複失前憂耳。（吴）子楊往初來主，吾不能盡。臨西複來，威儀詳跱，舉動成觀，自軀體之美也。思識□量之邁前，執（勢）所恒有，宜□稱之。夏（伯）榮寇亂之際，聞問不悉。

大概来说呢，这是陆机写给友人的一封信，提到三个人：贺循（字彦先）、吴子杨、夏伯荣。信的内容是，贺循多病，能活到这时，已经可庆；又有儿子侍奉，可以无忧了。然后提到吴子杨，他曾到陆家做客，没有受到重视，将西行时又来相见，威仪举动与之前大有不同，陆机也觉得该对他有所称誉。最后提到夏伯荣，因寇乱阻隔，没有消息。

启功的释文是目前最权威的。其他人在这份释文的基础上，也有一些质疑和新的解读。比如张伯驹就有不同意见：

“彦先羸瘵，恐難平復”张释为“彦先羸廢，久難平復”。

“幸為複失”张释为“幸為複知”。

“自軀體之美也”张释为“自軀體之善也”。

关于释文想了解更多，可读一读启功先生的《〈平复帖〉说并释文》。

接下来呢，看明白了这巴掌大的纸上写了啥，难道各位看官不会好奇这为什么是真的？毕竟是很久很久以前的人写的，而有时候，文物的名气越大，就越难保存，树大招风嘛。《平复帖》在唐代就是收藏家渴求的猎物，随后几经战乱、遗失、割裂，能保留到今天，且传承有序，实属奇迹。根据王世襄先生的《西晋陆机〈平复帖〉流传考略》，按照朝代、藏家整理如下：

●唐末

殷浩：《平复帖》是《晋贤十四帖》中的一件，原与谢安《慰问帖》同轴，上有唐末鉴赏家殷浩朱文印记（第九行下方，第八行“寇亂”左侧），颜色极暗淡。

唐末鉴赏家殷浩朱文印记

双龙

宣和

韩世能

张丑

安岐之印

●五代

王溥：聚书万余卷，并多藏法书名画。他接替殷浩，成为《平复帖》的主人。

●宋

李玮：仁宗的驸马，从王溥的孙子王贻永手中买到《平复帖》。

宋徽宗：李玮去世后，《平复帖》落到宋徽宗赵佶手中。赵佶在月白色绢签上用泥金题了“晋陆机平复帖”瘦金书，还盖了“双龙”“政和”“宣和”等玺。

●元

民间：《平复帖》何时从宋御府中流出我们还不知道，只知元代初年它在民间。

●明

韩世能：隆庆二年（1568）进士，万历年间《平复帖》到了他那里。

张丑：收藏家，崇祯元年（1628），他从韩世能的儿子韩逢禧手中将《平复帖》买下。

●清

葛君常：明代亡国（1643），张丑逝世。葛君常大概是个古董商，下一个主人王际之是谁，还不可知。其间，元代张斯立等四个人的观款，被葛割去卖掉，最终配在赝本《勘马图》后面。

冯铨：万历年间进士，顺治元年（1644）降清，收藏家。他花了大约 300 两银子从王际之处买到《平复帖》。

乾隆：《平复帖》从安岐家中散出后，在乾隆十一年丙寅（1746）或稍后入清内府。

永瑆：《平复帖》原来陈设在寿康宫。乾隆四十二年丁酉（1777），乾隆生母逝世，该帖作为“遗赐”赏给永瑆（弘历之子）。永瑆据此取了室名——诒晋斋。

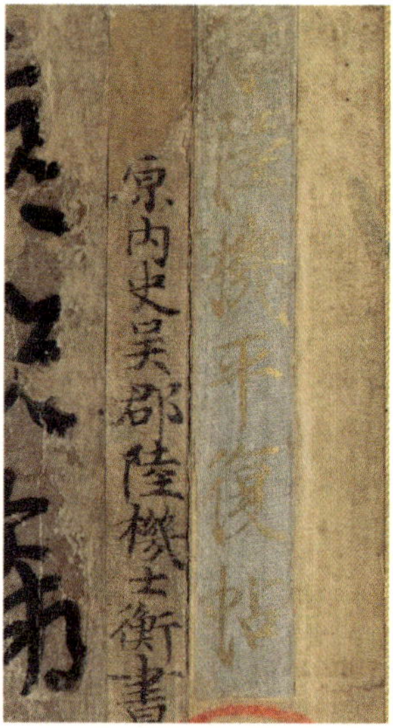

图 1

除了赵佶的泥金题签，《平复帖》还有两个题签：

图 1：“晋平原内史吴郡陆机士衡书”和“晋陆机平复帖手迹神品”，启功推测为唐人所书。

图 2：王世襄判断是董其昌在万历十九年（1591）所题。13 年后，董又写了一段跋。

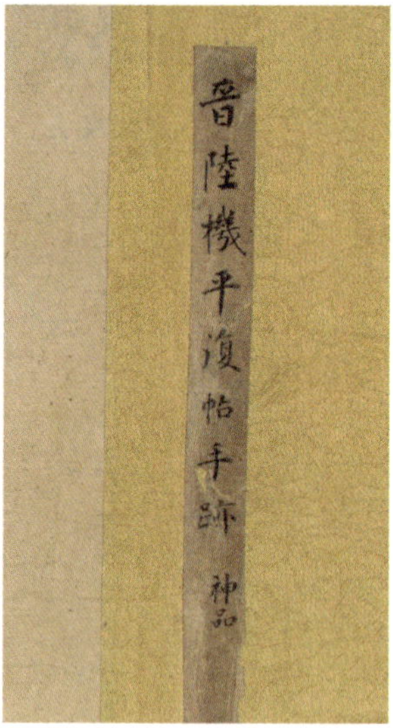

图 2

以上这些呢，在该卷轴中都存在蛛丝马迹，鉴藏大家们也是根据这些线索按图索骥。那么作品之外还有什么？这是重点，好比中国人喜欢“留白”嘛。

《平复帖》为什么这么珍贵呢？这首先要从它的作者陆机说起。陆机的祖父陆逊，就是策划智取荆州、指挥火烧刘备连营 700 里的东吴名将。陆机本人是西晋太康、元康年间最有声誉的文学家，为文讲求音律谐美，讲求对偶，是骈文的奠基者。其代表作《文赋》是中国第一篇系统的文学创作论，对后世文学理论的发展有着重要影响。

当然，还有它的艺术价值，后人赞其“秃笔蘸墨，抒发痛楚之情，其用墨确实是神乎其技，冠绝古今”；还有它的稀缺性，它是中国现存最古老的书法真迹，被尊为“中华第一帖”。明人董其昌在题跋说：“右军以前，元常以后，唯存此数行，为希代宝。”最重要的还是它的历史价值，在中国书法的演变过程中，《平复帖》占据着极其重要的地位。中国书体的演变，大约经过篆书、隶书、章草、楷书、行书几个阶段，《平复帖》介于章草与今草之间，是两者过渡时期的典范之作。章草到今草的转变，曾经历一个长期的过程，但唯有陆机的这篇墨迹有幸流传至今，成为这一转变的重要见证。

其实呢，如果你读过《清明上河图密码》，当然变绿君不是说这部小说真真如上文所言，经由详细考证而得出了鸿篇巨制，但是，变绿君在此要暗示的是，一幅作品真真切切可以投射一个时代的风貌与人心。所以，大家完全可以开启福尔摩斯模式，细细观察此件《平复帖》。

奕䜣：成亲王永瑆的曾孙载治去世后，家传的《平复帖》被恭亲王奕䜣占为己有。

溥伟：辛亥革命（1911）推翻清室，奕䜣之孙溥伟逃往青岛图谋复辟，《平复帖》留给了北京的弟弟溥儒。

03 / 文华殿（陶瓷馆）

中国是一个文明古国，在历史长河中，陶的出现，标志着我国已经将泥巴玩到了一定高度。那是在10000多年前的新石器时代早期，那时还有猛犸，裤子也没有发明，男男女女都穿着同款网红皮草裙，但我们的祖先在中华大地上发明了制陶术，使我国成为世界上最早制作和使用陶器的国家之一。

光是陶器还不够，在距今3000多年前的商朝中期，我国已能烧造原始瓷器了。而到

了距今约1800年的东汉时期，真正的瓷器便问世了。这是我们祖先在人类文明史上写下的“搞事情”的大手笔。从红陶、灰陶、彩陶、黑陶、白陶到原始瓷、青瓷、黑瓷、白瓷以及五光十色的上色釉瓷和色彩缤纷的釉下彩、釉上彩瓷器等，中国陶瓷这10000多年绵延不断地发展历程，凝结着汗水，充满了智慧，成为世界工艺史上的一大奇观。

中国陶瓷自唐代以来即是出口硬货，远销世界各国，其当时“人无我有，人有我优”的制瓷技术和灿烂的后来被称为“东方情趣”的艺术价值对许多国家其后的陶瓷研制均产生过深远影响，有力地推动了世界“china陶瓷”文化的发展，让中国无愧于“瓷国”的盛誉。

故宫博物院堪称中国最大的古代艺术品宝库，其中收藏陶瓷类文物约35万件，而且绝大部分属于原清宫旧藏，可谓自成体系，留传有序。特别是几代专家的研究鉴定，使其具备了较高的真实性和可靠性。

04 / 慈宁宫（雕塑馆）

故宫雕塑馆现如今有 425 件展品，被安放在约 1375 平方米的场地内，分为雕塑荟萃馆、汉唐陶俑馆、砖石画像馆、修德白石馆、佛教造像馆五部分。也就是说，雕塑馆陈列的文物主要包括陶俑、画像砖石和佛像。不知道为什么，可能是古装剧的渲染，佛像跟慈宁宫就莫名其妙地配对很成功耶，很容易脑补皇帝后宫三千都争奇斗艳，唯有皇太后青灯古佛遗世独立。话说回来，我国的陶俑从战国到明代，前后相续，精品迭出，拥有一部完整的发展历史，其中既有外国人都知道的、代表皇家森严的秦始皇兵马俑，又有充满平民气息、下里巴人风格的各色人物俑，种类繁多，形象各异，在数量上，则以汉代与唐代的居多。

慈宁宫正殿展厅为雕塑荟萃馆，展出 45 件文物，皆为故宫博物院雕塑类藏品中遴选出的精品，尤为值得关注的是东汉永和五年石羊、北齐石佛像及菩萨像、唐开元二年陶俑、北宋木雕彩绘贴金观音像、清代银鎏金六世班禅像等，均为难得一见的稀世珍品。“佛教造像馆”展室位于慈宁宫后殿的大佛堂明间及其东暖阁。大佛堂，始建于明嘉靖十五年（1536），是嘉靖皇帝为其母亲蒋太后修建的起居之所。现为清乾隆三十四年（1769）重修时的格

局，为清朝太后、太妃等人的礼佛之所。殿内分明间和东、西暖阁三部分，原陈设有佛龛、佛像、佛塔、供案等，故俗称为“大佛堂”，其明间北墙是一整块彩绘壁板墙，三尊佛像背光镶嵌其中成为一个整体。

05 / 承乾宫（青铜器馆）

先推荐一套书，王小波的时代三部曲——《青铜时代》《白银时代》《黄金时代》，话说《青铜时代》里的三个故事是取材于唐传奇，《寻找无双》故事源自唐代薛调的《无双传》，《红拂夜奔》取材自唐传奇《虬髯公客传》，《万寿寺》则是以袁郊的《红线》改编的。为什么是唐传奇，这个变绿君没有深究过，但是，我大中华的青铜文化本身也很有一番说头，我国大件青铜器在夏朝晚期（考古学文化的二里头时期）开始出现，到商朝前期（二里岗时期）和商朝后期（殷墟文化时期），出现了大量气势恢宏、纹饰繁褥的呈组合的青铜器。进入周朝，一批具有长篇铭记历史事件的青铜器又跑了出来，这是中国青铜文化的两个特有现象。青铜器的历史虽然久远，但其对社会生活产生较大影响是在先秦时代。

有两则小故事可以说明我国历史上青铜器的重要性。一是，传说夏禹铸九鼎，历商至周，以为传国之宝，鼎移则王朝易主。再有一则是，春秋时期，王室衰微，诸侯争霸，楚子过周境，问鼎之轻重，则其觊觎王权之心，路人皆知。除此之外，还有武王举鼎之类的，好多与鼎有关的故事。而鼎彝就经常被摆在宗庙，或者等着有权有钱的人抱着它们睡进棺材里成为随葬品，总之青铜器常被称为“礼器”，是先秦贵族等级身份的标志。这种制度至西周，臻于完善称为“周礼”。

自汉代以来，地不爱宝，青铜礼乐器时有出土，其上威严的纹饰、雄伟的气度，深得帝王之心，毕竟皇帝是读过很多书的人，对古代这些典故的熟练程度，比变绿君高级多了，所以青铜器就被视为国之祥瑞。由此看来，敢情青铜器是挺早意义上的古董，还是出土文物！对不对？宋代曾集宫中所藏编成《宣和博古图录》。清代乾隆年间，则将宫中藏青铜器先后编辑了《西清古鉴》《西清续鉴甲编》《西清续鉴乙编》《宁寿鉴古》等图录。故宫博物院现藏历代铜器 15000 余件，其中仅先秦有铭文的青铜器就有近 1600 件，精品甚多。在青铜馆的陈列中呢，你很容易就能感受到中国青铜文化里的皇家气象。

钟表馆

06 / 奉先殿（钟表馆）

从劳作到生活，中国的计时传统与中国的文明一样悠久，大到天文历法、沧海桑田，小到一炷香、打个盹的工夫。清代以前，我国一直以圭表、日晷、漏壶计时，而明末清初时，随着对外交流的增多，欧洲的机械钟表开始传入我国，便逐渐取代了我国传统的计时方式。到了十八世纪，清宫内廷就在大量地使用机械钟表。我们现在参观的故宫钟表馆自 20 世纪 30 年代设立以来，先后以永和宫、奉先殿、保和殿东庑作为馆址。2004 年 9 月底，钟表馆再次迁至奉先殿，经过十余年的展出，钟表馆展示设备日渐陈旧。

新钟表馆目前陈列故宫博物院藏精品钟表 82 件，其中中国钟表 21 件，外国钟表 61 件。从来源上讲，这些钟表多产自英国，也有法国、瑞士等其他西方国家的，这一类的钟表主要由广东海关监督，从洋商手中购置，专门贡入皇宫。

除此之外，其实还有我国自行仿制的，像广州、苏州等地，社会发展水平较高，工匠有能力仿制国外的钟表精品，于是其中品相好的，就挑选出来贡入朝廷，也算作是国货了。而且，清宫内也设置的有做钟处，这一机构亦可奉旨制造钟表以供宫中之用。

07 / 东部（珍宝馆）

北京故宫珍宝馆 1958 年开馆，是故宫博物院重要的常年开馆的陈列馆之一。故宫珍宝馆位于北京故宫博物院东部，设在故宫东北角的皇极殿西庑、养性殿、乐寿堂和颐和轩里。与钟表馆一道以展示清代宫廷文物珍玩为主，这些清代宫廷珍宝，大部分是出自紫禁城内掌管营造的机构——造办处奉旨制作的，还有一些则是逢年节庆典时地方官吏的朝贡品。其实早期封建皇室用度以各地进贡为主，日常用品多为宫廷采办，重要的礼仪用度，往往指派专门的大臣督办。后来莫名其妙地兼采众长，雨露均沾，皇家用度需求量原来越大，发生了由“采办”向“造办”的过渡。例如，宋元两代，就逐渐开始设立官办产业，最著名的莫过于景德镇的官窑体系。到了清代，造办体系分化为两个机构，一个是专供宫中用度的“养心殿造办处”，另一个是设于内务府北侧的“内务府造办处”，又称“匠作处”。现在这些在珍宝馆展出的珍宝是什么样子，毕竟代言了当时的最高标准，大家买门票也势必要瞧上一瞧嘛。传说珍宝

馆是一座宝库，有各色宝石，闪闪发光的金银器皿，珍珠翡翠，还有金丝凤冠、象牙玉雕，各类珍宝举世无双；最为突出的是有一座镐多塔，重达 5000 公斤的大型玉雕。

畅音阁

08 / 畅音阁（戏曲馆）

清廷定鼎中原后，受中国原有的政治和文化的影响，原本粗犷尚武的皇亲贵胄发生了嬗变。关外“篝火观舞”“饮酒摔跤”的娱乐形式，被更细腻、更具观赏性的戏曲所替代，而且在其后的岁月中，成了中国娱乐和庆典活动的重要组成部分。

乾隆朝社会稳定，库府充盈，戏曲活动形成高潮。位于乾隆皇帝为养老修建的太上皇宫中的畅音阁戏曲馆就建这一时期。乾隆是一个喜欢唱戏的人，据说他嗓音很低，所以不擅昆弋宫调，他自创了一种半白半唱的“御制腔”。后面的嘉庆七年(1802)和光绪十七年(1891)先后进行过修缮，由畅音阁(戏楼)、扮戏楼(后台)和阅是楼(观众席)组成一个完整的清代宫廷“大戏院”。事实上，嘉庆后各朝，

内忧外患，经济萧条，宫中习艺人员骤减，戏曲活动转入低谷。晚晴的慈禧，不仅嗜戏如命，还热衷于亲自扮演、拍照留念，戏曲艺术又振其鼓。清廷和戏曲这种剪不断的关系，为现代人了解当时的皇室生活开启了一扇新的窗口。

所谓文以载道，另一方面，戏曲除了满足贵族们的娱乐需求外，还成了一种特殊的政治驾驭手段。比如通过邀请看戏的方式来礼遇诸臣及外藩首领，达到恩赐和怀柔的目的。也会在编写戏本时，有意加入宣扬忠孝等内容，以教育臣僚、藩封，实施教化统治。清朝贵族对戏曲的热衷，在当时使得诸多剧种流派精彩纷呈，客观上促进了中国戏曲行业的发展。

清代贵族爱看戏的现象在中国戏曲发展史上占有重要的地位，变绿君总觉得此刻要提醒大家读一读鲁迅的《社戏》。这个藏馆展览依据故宫现存大量戏曲文物，从演戏机构、戏装砌末、剧本、戏台、帝后赏戏景观等方面加以展演说明。最棒的是展览遴选当年入宫名伶唱片复原播放，使观众可以从视觉和听觉上全面感受清代宫廷戏曲活动。

09 / 冷宫（家具馆）

冷宫家具馆原名叫“南薰殿”，位于紫禁城西南角，这里曾经当过库房，还养过警犬，但里面还藏着 6200 件套的明清家具。2018 年 9 月 19 日，故宫家具馆正式向公众开放。根据展览规划，故宫家具馆将分三期开展。其中一、二期位于南大库区域，三期位于南薰殿区域。值得一提的是这个馆的展陈方式，是展示与储藏一体化，可谓一举两得。想在大型古典宜家感受清代皇室奢靡不乏典雅的生活情趣吗？快来冷宫南大库走一趟吧。

10 / 箭亭（武备馆）

“让我们策马奔腾，共享人世繁华，让我们对酒当歌，唱出心中喜悦，让我们轰轰烈烈，把握青春年华”很有画面感吧？言归正传，皇帝总是喜欢打猎其实是因为清朝是马背上夺的天下，自清顺治时起弓马骑射便成为清代武备的核心，清皇室家传秘方之一便是“勿以太平而忘武备”。箭亭得名于雍正皇帝，但康熙帝在位时就曾亲率诸皇子和善射侍卫于此地射箭。此后，箭亭也被开辟为弓刀石的考试场地，乾隆帝在此召见殿试弓马成绩最优秀的武进士，并亲试其技。嘉庆时武进士殿试于紫光阁考试外。上述乖宝宝们将长辈们的“国语骑射”训诫摆在这里，永垂法守。

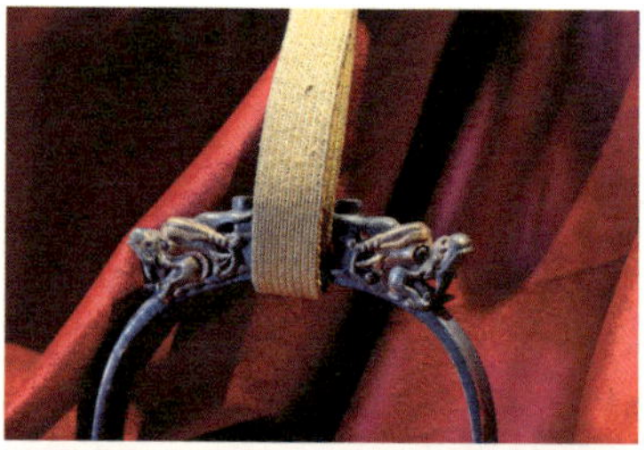

康熙马鞍

乜乜 AF / 摄

故宫鼓浪屿外国文物馆

11 / 故宫鼓浪屿外国文物馆

明清时期外国使团频繁访华交流，西洋工匠艺人竞相献艺，服务于清廷，在宫中创造了很多高质量的、有异国风情的工艺品和奢侈品。这些外国文物日积月累，慢慢地便构成了中国宫廷内独特的异国景观，留下了500多年以来中国与其他国家（地区）文化交流的历史印迹。

鼓浪屿自不需要多说，就是那曾经最文艺的旅游景点。这个福建小岛在19世纪中叶到20世纪中叶的百年间，是中国东南地区独具特色的对外交流窗口。设计风格

Tip: 故宫鼓浪屿外国文物馆基本信息

开放时间：9：00—17：00

除法定节假日、寒暑假外，每周一闭馆

地　　址：福建省厦门市鼓浪屿北端燕尾山东南麓濒海一带的救世医院及护士学校旧址（现鼓新路80号）

多样化的建筑群和园林景观的物质遗存，以及中国传统文化、地方文化与外来多元文化，成为中国与东亚和东南亚沿海地区交流、互鉴、融合的集中体现，鼓浪屿独具历史感与别样气韵，充分展现了英特耐雄纳尔的特质。

正如习总书记所言，文明因交流互鉴而丰富多彩！故宫鼓浪屿外国文物馆由厦门市政府与故宫博物院合作建设。项目选址在厦门市鼓浪屿“救世医院及护士学校”旧址，旨在以享有万国建筑博览会之称的鼓浪屿，展示故宫博物院收藏的大量外国文物珍品，从而使皇家珍藏的异域物品进入鼓浪屿异域风格的建筑遗迹的语境当中，得到更完善的讲述。故宫鼓浪屿外国文物馆将使明清时期

镇馆之宝——铜镀金象驮转花钟

看展的观众

中西文化交往的历史在当下共建“一带一路”的时代背景下真正地鲜活起来，也使超越国界的艺术之美能够得到更多海内外观众的欣赏。

故宫鼓浪屿外国文物馆占地面积 11000 平方米，建筑面积 5180 平方米。文物馆展出的文物大部分都是“首秀”，即第一次公开示人。文物涵盖漆器、陶器、瓷器、玻璃器、珐琅器、金属器、织物、绘画、书籍、雕塑、家具、钟表、科技仪器等多种类别，分别来自英国、法国、德国、瑞士、俄罗斯、意大利、奥地利、美国、保加利亚、日本、朝鲜等国家和地区。这些文物大部是故宫旧藏，也有部分为民间征集或个人捐赠。

从故宫鼓浪屿外国文物馆开馆之日起，故宫博物院的紫禁书院也将同时落地鼓浪屿，从此开启鼓浪屿更有品质和文化涵养的文艺之路。

插播：地库知多少？

一直很好奇，故宫 168 万件文物，都放在哪里？地面上那 8 703 间房屋里吗？不可能！我们去逛园子时也没见有那么多文物啊！传说在很久很久以前，故宫有一个国内最大的地下宝库，里面藏有很多价值连城的奇珍异宝，看管非常严密，故宫工作人员也被要求保守秘密，不得向外界透露。因此，知道故宫地下宝库情况的人，非常少。但是各路盗窃国宝事件仍然传闻不断，关于故宫地下阿里巴巴款的宝库到底有没有这回事，答案是你芝麻开门试试。变绿君只能推断故宫曾经住过 24 个皇帝，然后大家又很喜欢给皇帝送礼，逢年过节呀，皇帝一大家子谁谁谁过个生日啊，当然，还有封建社会的国外代购——进贡，这些方式累积下来的，单是皇家私藏的珍宝就有很多很多吧，总要有个地方堆吧？

据说故宫的地库，建得非常高大上，门都是德国进口的，里面还安装了面部识别系统、手纹识别系统、密码系统、恒温恒湿系统等，还 24 小时有专人监控，估计进去只苍蝇都得报警。但是现在大型一点的博物馆库房配置差不多也跟上来了，所以，像变绿君这种全馆唯一能进库房的人儿也表示一下淡定。还听说曾经有多位外国领导人提出要到故宫地库参观都被拒绝了，可见这个地下宝库的重要性。说到这，肯定有人会问，地库建得这么豪华，都用来存放哪些奇珍异宝？别着急，下面就各个不同的工艺门类随便列举一件，让您开开眼，看看在故宫地库中存放的国宝，每件除了价值连城，更有可能你一次都没见过：

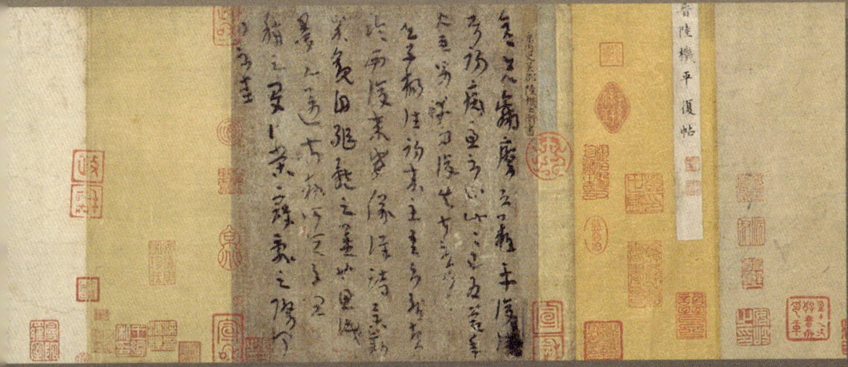

平复帖

《平复帖》为晋代陆机书法作品，字体为草隶书，共 9 行 84 个字，是传世年代最早的名家法帖，也是历史上第一件流传有序的法帖墨迹，有“法帖之祖”的美誉，被评为“镇国之宝”。

清明上河图

《清明上河图》，北宋张择端最具代表性的存世精品，中国十大传世名画之一，长达 5.3 米，在世界绘画史上都是独一无二的，是名副其实的国宝。真不需要多说，变绿君在故宫看这幅画时因为看画速度没有看热闹的人们快，而被保安扯过帽子，可见它多出名。

金瓯永固杯

“金瓯永固杯”是清代皇帝举行元旦开笔仪式时专用的酒器，杯身嵌满珍珠、宝石，流光溢彩，华贵大气，被视为镇国之宝，世代相传。

掐丝珐琅缠枝莲纹象耳炉

元代“掐丝珐琅缠枝莲纹象耳炉”，为清宫旧藏，釉质莹润，部分釉质如玻璃般透明，珐琅色泽浑厚，富丽典雅。是故宫的珐琅器之宝。只能说从某种角度上来说，汉人的天下总是岌岌可危，无数次被少数民族送进历史的火葬场，而有趣的是，文明却使得这些少数民族应该被扔进历史的垃圾堆。上面是玩笑话，就是想感叹一下文化视觉产品的一种玄妙的传递关系。

青玉云龙纹炉

“青玉云龙纹炉”为故宫镇馆之宝，宋代出品。宋代被广泛认为是中国文化史的巅峰，以及近现代的开端。真的不是唐代，真的不是唐代，真的不是唐代！重要的事说三遍。青玉云龙纹炉炉体雕刻着游龙、祥云和海水纹。炉内底部刻有乾隆诗一首：“何年庙器赞天经，刻作飞龙殿四灵。毛伯邢侯异周制，祖丁父癸似商形。依然韫椟阅桑海，所惜从薪遇丙叮。土气羊脂胥变幻，只余云水淡拖青。”诗末尾有“乾隆戊戌孟秋御题”落款。这里才是惊叹乾隆皇帝趣味的代表作吧！书画上面题题字嘛，毛笔随意写写，要在一个铜香炉上来两笔，这就真真是把趣味贯彻到底呀！

郎窑红釉穿带直口瓶

“郎窑红釉穿带直口瓶”是 18 世纪初，江西巡抚郎廷极奉康熙之命主持景德镇御窑期间烧制的。那这位巡抚呢，曾试图烧制失传数百年的祭红，还没有烧成功，却意外烧制出另一种更为鲜亮的红釉瓷器，后人便以他的姓氏命名这种瓷器。

彩漆描金楼阁式自开门群仙祝寿御制钟

说到这个，就不得不提起曾经的网红王津，被变绿君学长所拍的纪录片《我在故宫修文物》中的钟表修复大师。“彩漆描金楼阁式自开门群仙祝寿御制钟”，从乾隆八年（1743）开始设计，到乾隆十四年（1749）才制作完成，历时达 6 年之久。该钟共设计了 7 套机械系统，分别控制走时、报时、景箱内的活动装置等，技术水平拿到现在都令人惊叹。

张成造款雕漆云纹盘

“张成造款雕漆云纹盘”出自元代张成之手。张成是雕漆大家，他的传世作品被公认为雕漆作品里的珍品。但是大家应该都知道漆器的巅峰在汉代，而汉代还没有故宫，所以，要了解漆器的境界，变绿君就建议去湖南省博物馆和湖北省荆州博物馆。

五牛图

唐代韩滉（huàng）《五牛图》，是黄麻纸本中国画，画中五头牛从左至右一字排开，姿态各异，从中挑出任何一头都能独立成画。《五牛图》是中国十大传世名画，也是现存最早的纸本中国画。

故宫文物共有 168 万余件，每年展出 1 万多件，不重样的话，也要看 160 年。

事情要从八国联军侵略中国开始说起，当时他们占领了北京，抢劫了无数珍宝，《五牛图》也不例外，从此，这幅少数几件唐代传世纸绢画作品真迹之一，也是现存最古的纸本中国画流落海外，开始了漂泊命运。其后，《五牛图》辗转落到了我国香港企业家吴蘅孙的手中，可是 20 世纪 50 年代初，吴氏企业濒临破产，吴蘅孙决定忍痛出让《五牛图》。经过鉴定，专家确定此画为韩滉真迹，是不可多得的国宝，政府决定从吴蘅孙手中将其买下。1977 年 1 月 28 日，几经波折最终赎回的《五牛图》被送到了北京故宫博物院。

《五牛图》上有赵构、赵孟頫、孙弘、项元汴、弘历、金农等十四家题记，画中五头不同形态的牛，韩滉以淳朴的画风和精湛的艺术技巧，表现了唐代画牛的最高水平，被称为“中国十大传世名画”之一。虽然如此著名，但看到它的第一眼，你一定无法将它与“中国十大传世名画”这个称号联系起来。

回归故宫时，这幅历经千年的画作的画面上已经有大大小小500多个蛀孔，必须马上修复。《五牛图与孙承枝》一书记录：修复专家孙承枝接手《五牛图》后，心情凝重，寝食难安。数日之间，图卷陈于几案，他不曾妄动。他借助放大镜反复探查，潜心思索，寻求最佳修复方案。残损《五牛图》的破洞太多，修复的关键是补洞。经过百般挑选，他选择了一种故宫旧藏的年代久远、质地和颜色与原画相仿的画纸。选定纸张后，他运用精湛的技术将数百个洞粗略修补好。

终于能从肉眼识别这是画后，孙先生便开始了清除杂质的环节。纸怕水湿，这是大人小孩都知道的常识，更何况一张墨彩淋漓的古画？一般人绝难料想《五牛图》正是用水去污除垢的。白水浇上去，黄汤流下来，孙师傅用排笔蘸热水反复刷洗画面，水色清明之后，画面破损虽然依旧，其纸色、墨彩、印鉴、题跋却焕然一新，灿若明霞。

清理干净后，该揭纸了。《五牛图》旧裱共有四层。两层背纸很快揭去，再揭命纸，可就费事了。命纸与画芯直接粘连，起着保护画芯的作用。揭除命纸时若稍有疏忽，或揭掉半层画芯；

或掉粉掉色；或揭得厚薄不匀；或揭伤画面；还有的揭完命纸，画芯粘在案上起不了台，或勉强起台而支离破碎，都会造成无法弥补的损失。

孙师傅揭除《五牛图》时可谓是慎之又慎，加倍小心。他先用镊子轻轻地、一点一点地揭起命纸，有时还得靠手指揉搓，以中指触觉掌握力度轻搓慢捻，搓捻成极细的小条取下，不伤画心，不留屑片，完满无损地过了这一关。《五牛图》这样一幅不大的手卷，仅揭除这一张命纸，孙师傅便足足用了五天。

画芯处理好后，重新托上命纸，孙师傅开始全色。这个环节极考验修复技艺，颜色得匹配，线条得逼真，画面中因破洞造成的断笔，需要接笔。这要求接笔人对画家笔法有深入了解，知道笔意来龙去脉，等于和艺术家一起创作。没日没夜一笔一画耐心上色，这冷板凳不是一般人坐得起的。最后孙师傅又以原来的装裱式样对画进行了装裱，前后共用了几年的时间这幅画才算修复完成。

总而言之，《五牛图》的修复是值得传唱的“国手”大作。

3

故宫神走位攻略

延禧宫

攻略一：如何快速入宫

去紫禁城不一定非要经过天安门！这一点，绝大多数的人都不知道。坐车到故宫出口之一的东华门，从东华门步行到午门（沿着筒子河即故宫护城河走大约五六百米），或者坐两块钱的摆渡车入宫，这样可以免去在天安门排队安检的麻烦，至少节省 1 小时！

攻略二：最适合拍照的地方

首先介绍一下最近很火的一个地方：延禧宫。

也就是令妃住过的地方，这里自明代起就很容易着火。所以到了清末，隆裕太后本打算在这建一座西洋水晶宫，结果还没等完工，大清就亡了，延禧宫成了北京最早的烂尾楼。但是没关系，这里的红墙拍照很好看，只要找好角度，游客照秒变大片哦。

除了延禧宫，你还可以登午门、登神武门拍照，这两个地方都是人少景美。

攻略三：去故宫吸猫

如果你是个重症猫奴，一定要来紫禁城。据说除了偷偷溜进宫的野猫之外，其他都是从前皇帝、娘娘们的御猫后代。关于这一点，纪录片《我在故宫修文物》里提到过。到目前为止，故宫有100多只登记在册的御猫，每天除了吃就是在宫里溜达，绝对是一道亮丽的风景线，还曾成为过“知名网红”。宫里的工作人员和文物师傅们也对它们特别好，看这群喵的身形就知道它们的伙食一定不差！猫儿们跟大伙儿玩起躲猫猫可能让你抓耳挠腮，考虑到故宫的网红猫们也有不少粉丝，变绿君就直接拖着一帆冲向这些“带爪侍卫”的所在地。比如，“鳌拜”在的景仁宫、“二毛”“小崽儿”在的宁寿宫颐和轩，这两座宫苑现在都已经成了撸猫胜地。

故宫螭首排水口 王志远 / 摄

攻略四：千龙吐水

下雨天故宫的龙会吐水，也就是故宫三大殿用于排水的龙头，一共1142个，这跟最近发生火灾的巴黎圣母院上的小怪兽们是一个功能，然而只有当暴风雨来临的时候你才能看到千龙吐水的壮观场景。见证这个，也算是变绿君的梦想之一呀！

4

故宫的同胞：台北故宫、沈阳故宫

01 / 台北故宫

台北故宫博物院收藏之富举世公认，典藏品数量近 70 万件，而且由于不断接受捐赠与购藏，藏品每年都在不断增多，其中以陶瓷、书画、青铜器最为完整。变绿君和一帆将带着闪满星星的双眼和您分享台北故宫博物院里的宝贝。

台北故宫始建于 1962 年，1965 年落成，坐落于台北市基隆同北岸士林镇外双溪，占地面积 1.03 万平方米。台北故宫是仿照北京故宫样式设计建筑的宫殿式建筑，共 4 层，白墙绿瓦。院前广场耸立着由 6 根石柱组成的牌坊。

台北故宫博物院大厅

回到台北故宫博物院的藏品上来，其中包括清代北京故宫、沈阳故宫和原热河行宫等处旧藏之精华，以及海内外各界人士捐赠的文物精品，分书法、古画等 14 类。博物院经常维持有 5000 件左右的书画、文物作为常设展呈现，并定期或不定期地举办各种特展。馆内的展品每 3 个月更换 1 次，这听起来是不是特别酷炫？事实上，这与台北故宫本身的历史局限有很大关系。当年，蒋某人建立台北故宫仅做仓库使用，并未考虑到展呈需求。因为当时在台的大多精英人士都相信，“我们还是要回去的”。所以，台北故宫的宝贝，就像当年与家人分离的赴台人士一样，面对一湾浅浅的海峡，有了一丝浓浓的乡愁。

瓷器展览

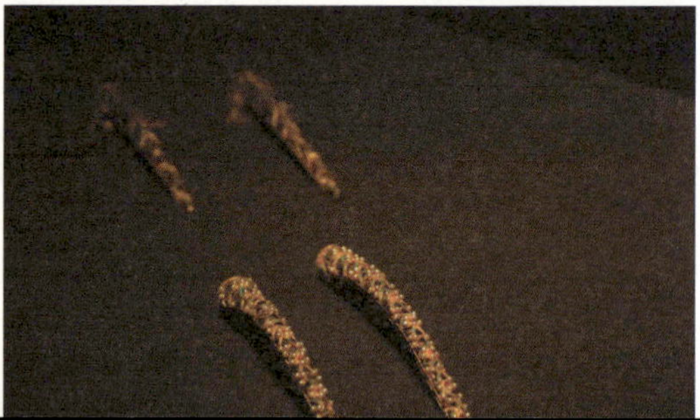

（1）西周·毛公鼎

西周毛公鼎

按门类分，我们先来讲讲离我们日常生活最近的艺术史门类——书法吧。首先出场的是西周毛公鼎。这是一件叫“毛公鼎”的青铜器。这尊鼎通高 53.8 厘米，腹深 27.2 厘米，口径 47 厘米，重 34.7 公斤。它是清代末叶道光二十八年（1814）前后，在陕西省岐山县出土的。因鼎腹内铭文而得名“毛公鼎”。好，说到这里我们通常要加入一段叫器形描述的文字，来唱一波赞歌。该藏品口饰重环纹一道，口敞而腹圆，半球状深腹，口沿上耸立着两只高大的耳朵，腹下三只兽蹄形足敦实有力，风格浑厚而凝重，饰纹则简洁有力、古雅朴素。接下来，书法的部分开始了！该鼎腹内壁铸铭文 32 行，长达 499 字，皇皇巨制，目前仍居所发现的所有青铜器中铭文长度之最，号称“天下第一”。内容更是珍贵得不得了，被誉为“抵得一篇尚书”。故事说的是在很久很久以前……周朝老大哥为了中兴周室，革除积弊，策命重臣毛公，要他忠心辅佐自己，以免遭丧国之祸，并赐给他大量物品，毛公为感谢他老板，特意铸鼎自我表扬了一番。该文被认为是一篇完整的“册命”，记述了周宣王给他的近臣毛公加鸡腿这件国家大事。郭沫若称其“铭全体气势颇宏大，泱泱然存宗周宗主之风烈……”。

聊完这位几千年前的老大哥后，下面讲一讲古玩界老大哥的故事。古龙老师怎么说的，重器现世，必有一段血雨腥风。话说，在民国的乱世之中，不仅人命贱如草芥，就连国宝也无法自保。有这么一位乱世英雄横空而出，他前半生跟着孙中山搞革命，后半生担起了一堆“家”——政治家、教育家、佛教专家、书画鉴定专家、收藏大家等等。而标榜其人生的一个重大事件，就是“偷天换日，力阻毛公鼎流出国门”。抗日战争全面爆发后，上海沦陷，叶恭绰准备避难香港，临行前，秘密将珍藏的七箱文物寄存在公共租界英商美艺公司仓库，其中一箱就是毛公鼎。此时，由于国破民穷，中国的众多国宝都遭到了洋人的觊觎，毛公鼎也不例外。日本军方想尽了办法打听宝鼎的下落，却数次无功而返。日本人声称：“就是把上海翻个底朝天，也要找出宝鼎。”叶恭绰忧心不已。事态后来发展到他的侄子叶公超被日本人扣押，他自己被日本宪兵队逮捕正当叶恭绰心急如焚之时，一位能工巧匠帮助叶恭绰伪造了一尊假鼎，几乎可以以假乱真。叶家把这尊假的鼎送给了日本人，总算是暂时骗过了日本人。1941 年，叶公超历尽艰险将毛公鼎偷运到香港。宝鼎的安危暂时得到了保障。故事说到这里是不是有点耳熟？之前被改成电视剧的《古董局中局》玉佛头案就是这么个谱儿。

西周散氏盘

（2）西周·散氏盘

再说说另一件宝贝——书法艺术藏品西周散氏盘。这个玩意儿，变绿君临过好几道，主要是太爱了。现补充个叫“晚清四大国宝”的概念，“晚清四大国宝”是：大盂鼎、毛公鼎、虢季子白盘、散氏盘。散氏盘又名“矢人盘”，是西周历王时期重器，清乾隆初年陕西凤翔出土，曾藏于乾隆内府。此盘以其长篇铭文著称于世。盘高 20.6 厘米，口径 54.6 厘米 ，圆形，浅腹，双附耳，高圈足。腹饰夔纹，圈足饰兽面纹。内底铸有铭文 19 行，357 字。内容为一篇土地转让契约，记述的是矢人付给散氏田地之事，并详记田地的四至及封界，最后记载举行盟誓的经过。这是研究西周土地制度的重要史料。

散氏盘铭文铸于盘内底上，是一件风格非常突出的作品。原拓本极珍罕，海内学者争求而极难得。其铭文结构奇古，线条圆润而凝练，字迹草率字形扁平，体势欹侧，显得奇古生动，已开“草篆”之端。因取横势而重心偏低，故愈显朴厚。其“浇铸”感很强烈，表现出浓重的“金味”，因此在碑学体系中，占有重

要的位置。其实呢，以前有个写书法的名家说过“清以前皆为画篆”，意思就是，清朝以前的篆体字都是画出来的，而非写出来的。所以变绿君强烈推荐大家在家找支毛笔依葫芦画瓢，先玩会儿，以理解上述所言之美。

西周散氏盘铭文

（3）宋·苏轼《寒食帖》

变绿君大爱的《寒食帖》又名《黄州寒食诗帖》《黄州寒食帖》，是苏轼撰诗并书，墨迹素笺本，横 34.2 厘米，纵 18.9 厘米，行书十七行，129 字。那时苏轼因宋朝最大的文字狱，被贬黄州第三年的寒食节作了二首五言诗：自我来黄州，已过三寒食。年年欲惜春，春去不容惜。今年又苦雨，两月秋萧瑟。卧闻海棠花，泥污燕支雪。暗中偷负去，夜半真有力，何殊病少年，病起须已白。春江欲入户，雨势来不已。小屋如渔舟，蒙蒙水云里。空庖煮寒菜，破灶烧湿苇。那知是寒食，

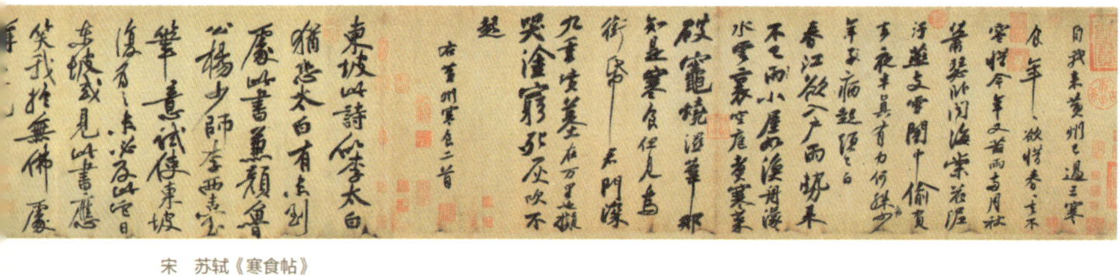

宋　苏轼《寒食帖》

但见乌衔纸。君门深九重，坟墓在万里。也拟哭途穷，死灰吹不起。通篇书法起伏跌宕，光彩照人，气势奔放，而无荒率之笔。《寒食诗帖》在书法史上影响很大，被称为“天下第三行书”，也是苏轼书法作品中的上乘。正如黄庭坚在此诗后所跋：“此书兼颜鲁公，杨少师，李西台笔意，试使东坡复为之，未必及此。”

五代　赵干《江行初雪图》

（4）五代·赵干《江行初雪图》

说完字，我们来看看画吧！首先要说的是五代赵干《江行初雪图》，为什么呢？变绿君也不知道。大概这幅画描绘了长江沿岸渔村初雪的情景。图前题“江行初雪，画院学生赵干状”。有宋宣和，金明昌，元天历，清乾隆、嘉庆诸印，以及柯九思、吴瑞、梁清标、安岐诸收藏印。值得说一句的是，卷首的那句话，台北故宫的官方说法是南唐后主李煜，就是那个写了好多好多诗词的皇帝写的。而明末张丑（我们前面提到过他）认为这是画家赵干个人自署，且“字奇古可爱”。我们熟悉的大书法家启功先生则认为是南唐后主李煜的“金错刀”书法。中为金章宗完颜璟题写

北宋　范宽《溪山行旅图》

的“赵干江行初雪图”瘦金体。前面有个词，大家是不是又一阵眼熟？没错，由北大才女雪满梁园作品改成的同名电视剧《鹤唳华亭》里，太子小哥哥所创字体就是这个！

(5)北宋·范宽《溪山行旅图》

接下来是艺术史必背作品：北宋范宽的《溪山行旅图》。它真的太重要了！画幅上诗堂处明董其昌题“北宋范中立溪山行旅图”。然而，寻找隐藏在画面右下角树叶丛中的画家签款，更是成为每位观赏者见到此画时必须要完成的有趣任务。

接下来，变绿君就要来完成一份艺术史洗脑清单了。首先，台北故宫博物院原副院长李霖灿说此画是阳刚之美的“百代标程”。美术史家方闻在其名著《心印》中将中国山水画家表现空间层次分为三个阶段。而《溪山行旅图》的空间表现显示着清晰的结构。北宋时期的刘道醇在其《圣朝名画评》中说：“范宽之笔，远望不离坐外，皆所谓造乎神者也。”高居翰将《溪山行旅图》称为“最伟大的不朽名著”。

（6）北宋·汝窑天青无纹水仙盆

当然，台北故宫博物院藏绘画作品，那是平生壮阔兮！除此之外，瓷器也是一个藏品大头。

比如说汝窑，汝窑烧宫廷用瓷的时间仅 20 年左右，约从在北宋哲宗元祐元年（1086）到徽宗崇宁五年（1106），故传世品极少，被人们视为稀世之珍。据说汝瓷釉中含有玛瑙，其主要成分是氧化硅，所以能呈现那一句“雨过天青云破处”之色。台北故宫收藏有 21 件汝窑作品。

北宋　汝窑天青无纹水仙盆

插播：文物南迁

大家都知道，北京有个北京故宫，台北有个台北故宫，两个故宫的藏品加起来，再加上沈阳故宫、南京博物馆的一些藏品，和大量流失在外的文物，才是原本清代故宫留下的全部珍宝。流失的文物大都是末代皇帝溥仪和当时宫内太监在民国初期偷运出去的，南京博物馆的那批藏品是当初北京故宫为了避战乱运到那里储藏的。详情可参见杨仁凯先生的《国宝沉浮录》或者电视剧《国宝》哦，那么台北故宫的文物，是怎么过去的呢？

去台湾前，文物就不在故宫了

南京朝天宫文物保存库库门
当时赴美参展的箱子
南迁文物打包好，在太和门广场前集中

1924 年末代皇帝走出这个宫殿后，清宫正式得名“故宫博物院”，向普通民众开放。平静的状态并没持续多久，1933 年，战争的阴云笼罩华北，一帮扛不起枪杆子的文化人，却扛起了故宫文物接着踏上了迁徙之路。

1933 年，故宫博物院的文物先是走铁路从北京经南京到上海，1937 年一部分经湖北汉口、湖南长沙，于次年被疏散到贵州省贵阳市，1939 年被运到贵阳郊外的安顺洞窟。因为战火又延烧到安顺附近，1944 年被送进四川省的偏僻乡下巴县避难。剩下的文物中，有一大批走水路沿长江逆流而上，一度被安置在四川重庆，1939 年再走水路被运到四川乐山。剩下的走陆路从南京北上徐州，再往西到达陕西宝鸡，停没多久，又再走陆路到四川峨眉。1945 年日本投降，疏散到巴县、乐山、峨眉的文物都一度聚集到重庆，之后走水路沿长江向东而下，1947 年回到南京。

经历了千里流浪的故宫文物在新落成的中央博物院进行了一次展览，吸引了十万多名观众，蒋介石也在故宫博物院院长马衡的陪同下来到展场，并在后母戊大方鼎前停留了许久。照原本的计划，文物将会随后运回北京，放回北京故宫。然而还没等出发，内战又爆发了。

多人决议，送文物去台湾

当时我党大军连连获胜，国民党政府危险的局势使国民政府教育部政务次长、故宫博物院理事会理事杭立武心急如焚。去台湾的决议并不是一开始就定下的。《故宫七十星霜》记载：“故宫的理事为了文物的安全，频繁召开会议讨论疏散事宜，但究竟迁往何处为最上策，一直没有最后的结论。”当时故宫的理事长兼行政院院长的翁文灏反对迁移，他认为，那个时候国民党和共产党正在进行和谈协议，如果迁移文物会对民众心理造成不良影响，甚至波及和谈。而把重点放在故宫文物安全上的文教官员及故宫专业人员，则主张尽早搬迁以防不测。1948 年 11 月 10 日在南京的国民政府行政院长官邸召开紧急会议。会议有八人参加，包括召集人翁文灏、教育部政务次长杭立武、教育部部长朱家骅、外交部部长王世杰、蒋复璁等人。虽然是非正式会议，但却是左右故宫文物命运的一次讨论，所以现场气氛紧张。最后，大家决定从故宫文物中选出六百箱运至台湾，由杭立武担任总负责人。除翁文灏外，其他出席者全部同意，蒋介石也承认这项决议，于是国民党当局正式决定将文物搬迁到台湾。

想运七批，最终运走了三批

1948 年 12 月 21 日，国民党海军“中鼎号”运输舰悄然驶进南京下关码头。消息传出，下关港聚集了闻讯想逃到台湾的百姓。他们自作主张登上中鼎舰，在甲板上打开铺盖，怎么样也赶不走。

海军总司令桂永清亲自登上军舰劝说大家以文物为重，并保证会另外安排船只让大家安全撤离。人们终于下了船，把空间让给了文物。12 月 22 日清晨，中鼎轮起航。船上装着近千箱精心挑选，价值连城的精品文物，包括来自故宫博物院 320 箱、中央博物院筹备处 212 箱、中央图书馆 60 箱，另有外交部重要档案 60 箱。文物都放在中间的大舱，一个一个的木箱摞起来，用绳子固定住，上面包着油布。在海上航行的那几天，一部分工作人员晚上就用梯子爬上去，睡在文物箱子上面。中鼎轮是平底船，在江河中行驶还算平稳，到了海上颠簸得厉害，很多人都晕船。在海上漂泊了四天，中鼎轮到达基隆港。所有文物卸船，运往小镇杨梅的仓库暂存，后来又运往台中糖厂提供的较为干燥的仓库，并在那里为文物保护人员建了宿舍。

1948 年年底，第二批文物挑选了出来。这是迁台文物中最多的一批，共 3502 箱，包括故宫 1680 箱、中央博物院筹备处 486 箱、中央图书馆 462 箱、北平图书馆 18 箱等。其中故宫运出的文物尤为重要，不仅有宋元瓷器精品和保存在南京的全部青铜器，还包括全套文渊阁《四库全书》和离藻堂《四库全书荟要》。《四库全书》共七部，故宫文渊阁所藏是第一部，也是缮写得最为完整的一部。《四库全书荟要》系《四库全书》重要部分的摘录，供皇帝随时取阅之用，共缮写了两部，一部存于紫禁城御花园的离藻堂，另一部存于圆明园味腴书室，后毁于英法联军火烧圆明园之时。也就是说，运去台湾的这一部《四库全书荟要》，已是世上所存之唯一了。这时的海军总司令桂永清已经再也派不出一艘军舰了。杭立武包租了招商局的轮船“海沪号”。这一次的文物运输很顺利，1949 年 1 月 9 日到达基隆。

1949 年 1 月 10 日，徐蚌会战结束，解放军全面胜利，进入南京指日可待。1 月 14 日下午，中央博物院筹备处紧急召开理事会，最后决定尽量将尚留在南京的 4000 箱文物全部运到台湾。第三次文物搬迁计划在 1949 年 1 月下旬进行，下关港的码头工人一度以农历年休假为理由，不愿搬运文物。这次的船是“昆仑号”，在甲板、餐厅都堆满的情况下，勉强装进故宫博物院的 972 箱、中央博物院的 150 箱、中央图书馆的 122 箱，共计 1244 箱，只运了预定的六成。昆仑舰开出没多久，刚过长江口，船上的人突然发现船在往北开。副舰长觉得事情不对，找到舰长褚廉方。褚廉方一口承认他想要倒戈，带着文物投奔解放区。后来船上究竟发生了什么，现在已经没人清楚了。原计划要分七批运送到台湾的文物，运了这三批就结束了。1949 年春天，战况急速恶化，搬运文物已经不可能了。

千幸万幸，北平的珍宝留下来了！

这次文物迁移计划，原本还包括了留在北平故宫的精品。1948 年 12 月 14 日，北平已经完全被解放军包围。杭立武电报催促北平故宫博物院赶紧遴选精品文物，空运送到南京一起赴台。然而，此时的北平故宫博物院院长马衡已经做出了历史性的抉择。其实，在首批文物搬迁时，当马衡知道是由他在北京大学当教授时教过的学生庄尚严负责护送，他还曾经写信给庄尚严，劝他说：“不要接下这个工作，不然我就跟你绝交！”1948 年年底，当国民党催促马衡挑选文物运往南京时，他告诫大家：“不要求快，记住！不要求快。”在马衡的指导下，包装工作慢条斯理地进行着，一直拖延到 1948 年的 12 月 14 日。这一天，北平城彻底陷入了解放军的合围当中，马衡关闭了午门、神武门和东西华门四门，选装好的精品文物再也无法运出。在马衡的周旋下，北平的文物没有运出一箱，全部留下了。

保护文物有功的马衡先生，在新中国成立以后到 1954 年间，一直担任北京故宫博物院院长，并于 1955 年过世。分三次海运到台湾的故宫文物共计两千九百七十二箱，包括陶瓷器及书画共一千四百三十四箱、图书一千三百三十四箱、宫中文书档案两百零四箱。与北京运出时相比较，大约减少两成，但是那志良等专家挑选的珍品大致都在。

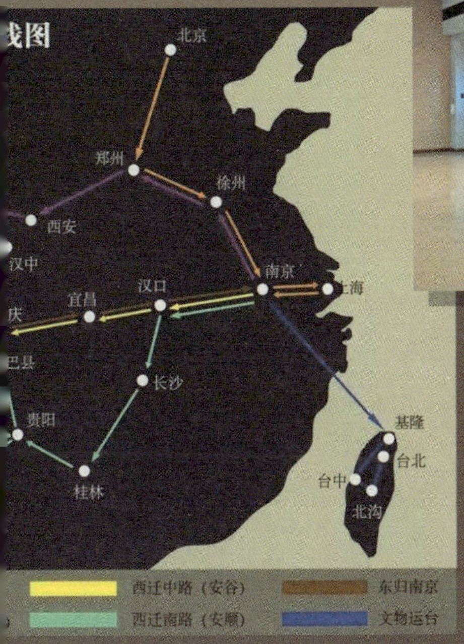

心相牵，天涯各难安

1965 年，台北故宫落成，它的外观与中山陵非常相似。原因何在？台南大学教授蒋伯欣是这样回答的："故宫的国宝和国民党政权一样，都在中国大陆各地流浪漂泊，好不容易最后到了台湾。那个博物院，不得不融入中华民族的荣耀、对大陆的乡愁和对战争的历史记忆。"

由此，大家可以了解到，故宫文物南迁去台湾其实只是整个漫长文物南迁路线的一小段。这批国宝坐过金陵的火车，看过秦岭的雪，划过岷江的竹筏，藏过安顺的山洞，住过峨眉的寺庙和安谷的祠堂……这场跨越整整 25 年的历险，被称为世界文物保护史上的奇迹，才是真正的文物南迁。

凤凰楼上的脊兽

02 / 沈阳故宫

沈阳故宫，原名盛京宫阙、盛京皇宫。始建于 1625 年，距今已走过了 390 余年。该故宫是在明王朝走向衰弱、满族不断崛起的历史背景下创建的。1625 年，努尔哈赤出于战略考虑，定沈阳为都城，并在沈阳旧城的中心，修建了议政之所——大政殿和十王亭，是为营建沈阳故宫之开端。1626 年努尔哈赤辞世，其与孝慈高皇后所生之第四子皇太极继承汗位，续建了由大清门、崇政殿、凤凰楼、清宁宫、麟趾宫、关雎宫、衍庆宫、永福宫等组成的大内宫阙。就是在这座宫殿里，皇太极将女

凤凰楼

真改称为满洲，于 1636 年将国号改称为“清”，并正式确定了宫殿之名。清朝迁都北京后，故宫被称作“陪都宫殿”“留都宫殿”，后来就称之为沈阳故宫。后经康熙、乾隆时期的改建、增建，形成了今日有宫殿亭台楼阁斋堂等建筑 100 余座、500 余间，占地面积达 6 万平方米的格局。

沈阳故宫承载了满族由山区狩猎时期一直沿袭下来的传统生活民俗与独特的政治制度。所以沈阳故宫的建筑造型就有点将我国伟大的建筑智慧翻拍了一下的意思。下面介绍沈阳故宫建筑的几个看点。

崇政殿匾额

阿鲲 / 摄

大政殿，也叫八角殿

（1）独一无二的八角殿

大政殿建于 1625 年，1636 年由皇太极定名为“笃恭殿”，康熙时期更名为“大政殿”。它是清朝入关前清太祖努尔哈赤、清太宗皇太极创建的皇宫，又称盛京皇宫，清朝入主中原后改为陪都宫殿和皇帝东巡行宫。最早被称为“大衙门”，因设计者打破常规，选择了八角重檐攒尖顶的亭式建筑，大政殿也被俗称为“八角殿”。这种独特的建筑造型用在皇家的主要议政建筑上是很少见的。整个建筑不施铁钉，以榫卯相接，组合巧妙。在目前沈阳保存下来的古建筑当中，大政殿是女真定都沈阳后留下的最早、最完整的建筑。中国人对“八”的爱好真不知道打何时起，但“八”字所蕴含的一种循环往复的美感让变绿君也欲罢不能。

（2）独一无二的亭式建筑

亭子在中原古代宫殿是休闲观赏用建筑，沈阳故宫内有的11个亭子。数量上则体现了满族八旗制度。其中皇帝一个，八旗左翼王亭与八旗右翼王亭各一，八旗各一。

（3）独一无二的硬山式建筑

如前文所言，在古代宫殿建筑等级中，最高等级是庑殿顶，第二等级是歇山顶，硬山顶是建筑等级最低，往往是下人的居住场所。而沈阳故宫的崇政殿与清宁宫都是硬山式建筑，形式并未受中原等级制度的影响。满族民居没有歇山顶，因为对于满族来说那是庙宇的形式，是神仙住的地方。因此，这种结实、保暖的硬山顶房屋也成了沈阳故宫独一无二之处。但更为有趣的是，这个民族当政之后，大臣们都自称“奴才”，这在中国历史上并不多见。变绿君想提示的其实是一种文化心态的问题。

亭式建筑

硬山式建筑

（4）独一无二的白对联

我们中原文化把白对联叫啥？这个大家应该都心里有数。但是每年春节前夕，沈阳故宫都会在朱红的宫门上悬挂白底的“门神”，连两侧的“对联”也是白底黑字，而毫无疑问，这也是满族旧俗。

传说满族先人认为冬季雪后是抓捕猎物的好机会，身穿白色的衣服容易接近猎物、狩猎成功。而红色的衣服不仅会惊动猎物，甚至还会受到猛兽的袭击。所以早期以狩猎为生的满族人“尚白、贱红”，白色对他们来说代表吉祥、好运气。另外，满族人崇尚白色在其八旗制度中也有所体现。当年满洲八旗正黄旗由皇帝统领，其次就是实力最强的正白旗，清代历史上大名鼎鼎的摄政王多尔衮就是正白旗旗主。可见，对于满族人来说白色的地位仅次于代表皇权的黄色。

（5）独一无二的磨房碾房

在满族入关前，沈阳皇宫里是保留着磨房、碾房的，而北京皇宫内务府是在宫外加工面粉和谷物的。沈阳故宫在宫内设碾房、磨房，主要是与满族人的游牧生活习惯有关。由于他们进入宫中时间不长，原来很多生活习惯还保留着。当时，沈阳皇宫里的苏拉（满语，意为勤务人员），会在碾房、磨房中加工出皇帝和后宫喜欢吃的秫米水饭、酸汤子、豆面卷子、萨其玛等。

磨房碾房

红墙黄瓦绿剪边

（6）独一无二的绿剪边

沈阳故宫的屋顶和门上多嵌有五彩琉璃瓦，体现了满族特点。相对比，北京宫殿基本就是白色台阶、红色墙身、黄色殿顶的色调。在沈阳故宫，黄色琉璃瓦的四周都镶有一圈绿色琉璃瓦，称为“绿剪边”。在屋顶使用全黄色的琉璃瓦是皇宫与庙宇的权利，亲王则要使用“绿剪边”，比亲王再低一等的郡王所用屋顶就全是绿色，贝勒及以下的贵族则是不许使用琉璃瓦的。满族入关后，虽然建立了清王朝，但沈阳故宫在当时仅是行宫，依然不能使用全黄。当然，在你找到绿剪边时，不妨再观察一下中国传统建筑的最丰富选项“雕梁画栋”。为了成全这些美丽的建筑装饰，沈阳故宫所用彩绘颜料通常有两种：一种用动物皮骨胶等调制颜料，称为“胶做彩画”；另一种用油调制

沈阳故宫里的照壁，红墙与琉璃雕花相映成趣　　阿鲲 / 摄

颜料，称为“油做彩画”。你还可以仔细瞧瞧那些彩画图案，有金光闪闪的龙凤、动植物、器物，有几何图案组成的规则纹样，还有一些人物故事。在其他古建筑中，有时还能看到更神奇的彩画，上面画着小天使、飞机、轮船、火车站……简直匪夷所思。

沈阳故宫博物院收藏有许多珍贵的清初历史文物，具有极高的历史价值、艺术价值和鲜明的自身特色，如努尔哈赤的剑，皇太极的腰刀和鹿角椅等。

让我们一起来探寻文物的世界吧，一起来领略“一朝发祥地，两代帝王宫”的独特魅力！

努尔哈赤

（1）金代交龙钮大钟

这口大钟是1151年铸造的，通高125厘米，口径120厘米，厚12厘米，重达6000斤。这口大钟在冰冰凉凉的西北室外经历了金、元、明三朝500多年后，从内蒙古昭乌达盟宁县城的“感圣寺”消失，跑到了同样是极寒之地的东北盖州城。1621年5月，努尔哈赤夺取辽东之后来到盖州巡视，有人便将这口金代大钟作为贡品献给他。努尔哈赤算是一个孝顺、有文化的主儿，把“祖宗遗物”运到了辽阳。1625年，努尔哈赤将后金政权迁都沈阳时，还带上了它。皇太极后来建造了盛京（今沈阳市）钟鼓楼，将这口钟悬挂在高空，成为盛京定更鸣钟。古时计时，把一夜分为五更，这口大钟鸣响后，城内八门、八关依次鸣锣传筹呼应，气势恢宏：“钟打谯楼第几更，八关接续听锣鸣。狺狺中有谁家犬，吠入深宵不断声。”1930年拆除钟楼时，这口铜钟被移存于沈阳故宫。

金代交龙钮大钟

皇太极鹿角宝座

（2）皇太极鹿角宝座

这把皇太极御制鹿角椅，因为体量较大，除了 2011 年曾赴台北历史博物馆展出外，一直被珍藏在博物院的文物库房中。辽宁省博物馆变成企业后，各博物馆都开始放大招了，沈阳故宫将院内唯一从未对外开放的院落“敬典阁”区域正式对外开放，专门用于举办“院藏国宝珍品展”。最先在珍品展中亮相的，就是这把皇太极御制鹿角椅。清皇太极御用鹿角椅制作于 360 多年前，是利用皇太极狩猎时所获麋鹿之角所制。鹿角 12 个枝杈被巧妙加工成靠背和扶手，椅心以棕绳编织，四腿外加护板并浮雕花卉。这件浮夸审美情趣的座椅就像千千万中国的领导牌座椅，被后人瞻仰或者惦记着。乾隆、嘉庆诸帝东巡盛京时，在瞻仰皇太极御制鹿角椅之际，曾先后赋诗咏叹，乾隆皇帝还命工匠在鹿角椅背上雕刻了诗文。“椅人”（chairman）的传统真是经久不息啊。

（3）乾隆御笔“紫气东来”金漆赶珠龙纹匾

话说，还有一件厉害的藏品是乾隆御笔的“紫气东来”金漆赶珠龙纹匾。乾隆喜欢到处“到此一游”的习惯，早就被炒作得人神共愤了。但是，这块金漆赶珠龙纹匾，厉害之处是它已高悬于

乾隆御笔“紫气东来”金漆赶珠龙纹匾

凤凰楼上近300年，目前存世仅一份。匾额长六尺七寸，高二尺七寸，四周浮雕龙，青地金字。这份手书已经成为故宫的一个标志。乾隆皇帝引用这个“老子出函谷关”的典故，寓意大清开国创业始于辽东、发祥于盛京（沈阳），“王气东方紫，开运亿万年”。

（4）清乾隆款嵌珐琅缠枝花卉钵

有一个艺术史上发明级别的创造，在清代出现的，就是珐琅瓷。其实作为宋粉的变绿君对于清朝大部分的艺术审美都没什么感觉。而且之所以说是发明级别，而非发明本身，是因为这种技法不是清朝原创的，而是沿袭这个民族的一贯作风，“抄作业”，还不打算抄得一样，他一定要做点啥，表示一下自己的参与感。你比如，清乾隆款嵌珐琅缠枝花卉钵。这件缠枝花卉钵，敛口，鼓腹，圜底，口沿突起鎏金。口径为30厘米，腹部最大径54厘米，高33厘米。据此钵之硕大推测它可能是陈设于佛堂之物。此钵通体由精细的掐丝珐琅工艺制造，底部有“乾隆年制”款，是由红、黄、白、蓝四色莲瓣图案环抱着，就像

清乾隆款嵌珐琅缠枝花卉钵

清乾隆款嵌珐琅缠枝花卉钵底

一朵多彩的莲花托起金色的花蕊。字体粗壮，刚劲有力，光素鎏金，极显皇家气派。雍正朝是清朝瓷器制造业处于最高峰的时期，也是被传为审美最典雅的一个时期。

（5）清·王翚等作《康熙南巡图》卷

最后的两张画，确值得一说。首先是《康熙南巡图》卷，由著名画家王翚领衔主绘的，纵 67.8 厘米，横 1400 至 2600 厘米不等，全图历时六年方告完成。

话说，这就是《康熙微服私访记》的蓝本啦，康熙爷爷经常全国范围内遛弯。在还没有出现照相机和云技术的时代，他老人家要到此一游，怎么办呢？于是命内府征召天下名家，筹备绘制《南巡图》长卷。王翚在作此图时，先是画出《南巡图》十二卷草稿，在所绘各地古迹、名胜之处，一一粘贴黄签，书写其名，呈请康熙皇帝御览审定后，再率领冷枚、杨晋、王云、宋骏业、徐玫、虞沅、吴芷、顾棠等众多画家，按十二卷稿本（亦称粉本）绘制其正本，6年后，康熙爷爷“到此一游回忆录”正式完工，创作出举世惊叹的《康熙南巡图》十二卷正本。这十二卷详细描绘了整个南巡过程。十二卷图现已不复完整，尚存九卷，第一、第九、第十、第十一、第十二卷藏于北京故宫博物院；第二、第四卷现藏法国巴黎的吉美博物馆；第三、第七卷现藏美国纽约的大都会艺术博物馆。

清　王翚《康熙南巡图》卷局部

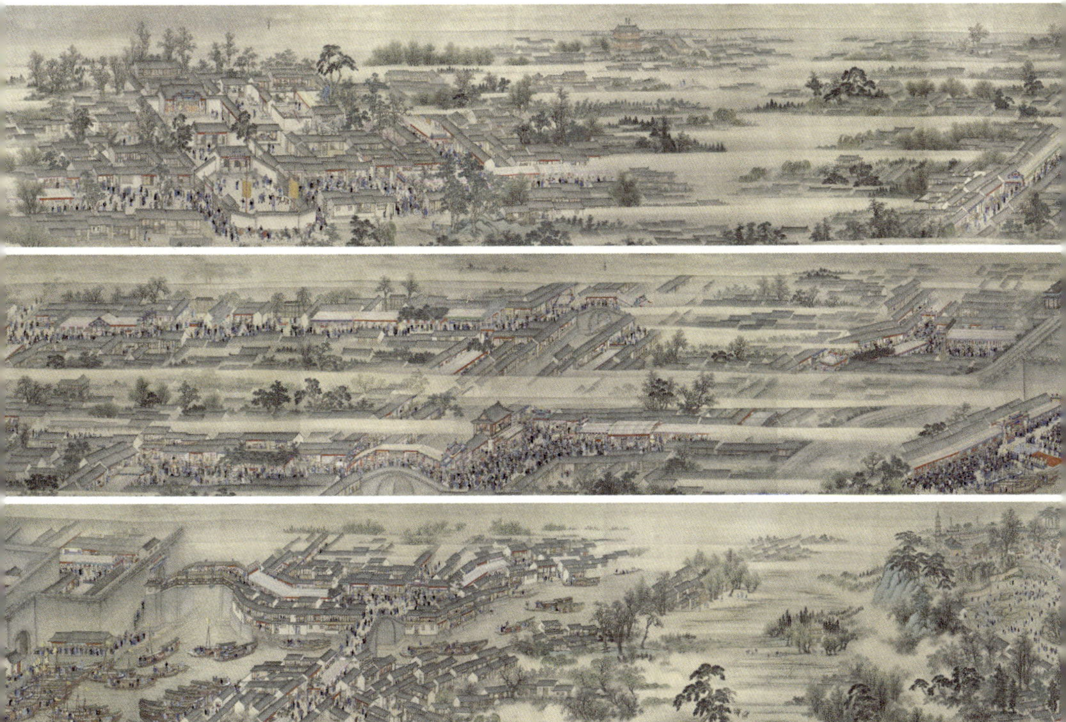

清　郎世宁《竹荫西狑图轴》

（6）清·郎世宁《竹荫西狑图轴》

另外一件画作是郎世宁的设色《竹荫西狑图轴》。画中一只猎犬昂首垂尾目视前方，其身后有苦瓜藤和翠竹做点景。画的重点就是意大利人郎世宁的中西结合绘画法，这在艺术史上有着重要的意义。

清雍正款青花红龙大盘

清雍正款青花红龙大盘底部

（7）清雍正款青花红龙大盘

雍正朝是清朝瓷器制造业处于最高峰的时期，而这件青花红龙大盘又是当时宫廷中使用的器物，可谓是清朝瓷器高峰的代表作，艺术价值极高。

综上所述，各位客官老爷有没有对故宫产生狂风暴雨般的激动呢？

Part 3

国之艺粹聚北平

据统计，北京市现有 170 多家博物馆，已经排名全球第二。我们常常吐槽“帝都”房价逆天、重霾反人类，但是这些丰富的文化福利又让人对她爱得深沉。本章将带来艺述北京之密集逛馆指南。

1

京华艺云过眼录

Tip：国家博物馆基本信息

开放时间：9：00—17：00（15：30 止票、16：00 停止入馆、16：30 清场、17：00 闭馆）周一闭馆（含国家法定节假日）

地　　址：北京市东城区东长安街 16 号

网　　址：http://www.chnmuseum.cn/

01/ 国家博物馆

天安门广场呈三足鼎立之势中的一员大将，中国国家博物馆大致分为五个展厅：古代中国、复兴之路、专题陈列、交流展厅、临时展厅。其中“古代中国陈列”常设展展出文物 2026 件，包括一级文物 521 件。基本陈列以王朝更替为脉络，以珍贵文物为核心，展现中华文明绵延不绝的发展特点，展示各族人民共同缔造多民族国家的历史进程。

国家博物馆一楼大厅

常设展览

“古代中国陈列”的常设展陈列分为远古时期、夏商西周时期、春秋战国时期、秦汉时期、三国两晋南北朝时期、隋唐五代时期、辽宋夏金元时期、明清时期八个部分。

“复兴之路”展览是中国革命博物馆基本陈列。近代部分的讲述作为重中之重，以2300多件实物、文献、图片、图表、模型、绘画、雕塑、旧址复原、模拟景观等展品，展现了从1840年鸦片战争到1949年中华人民共和国成立这100多年的历史。

专题陈列之中有两个常设展：“国博典藏《乾隆南巡图》长卷数字展示”和“中国国家博物馆典藏——中国古代书法”。

交流展厅是与国外进行文化交流，展览其他国家艺术品的展厅。

临时展厅的展览则是不固定的，是进行特殊节日纪念和临时进行展览的展厅。

Tip：中国人民革命军事博物馆基本信息

开放时间：8：30—17：30（冬 17：00）周一闭馆

地　　址：北京市海淀区复兴路 9 号（100038）

网　　址：http://www.jb.mil.cn

02/ 中国人民革命军事博物馆

接下来的这一小节，变绿君个人觉得很好地体现了一个学者的基本素养，即“绷住了”，尤其是在一个完全陌生的世界中。所谓“学无涯而生有涯”，用白话文来说则是“不要拿有限的生命跟无限的知识开玩笑”。现代战争与武器绝对是我这个从小琴棋书画的伪文艺女子的致命短板。那么如何在一脸蒙圈的状态下逛一座博物馆呢？这就是本章的重点了。

军博是国家一级博物馆，响当当的全国十大经典红色景区，位于北京市海淀区复兴路 9 号，1958 年 9 月 21 日成立，1960 年 8 月正式开放。该馆占地面积 8 万多平方米，建筑面积 6 万多平方米，陈列面积 4 万多平方米，全馆有 22 个陈列厅、2 个陈列广场。到目前为止，军博收藏 34 万多件文物和藏品，其中国家一级文物 1793 件，大型武器装备 290 余件，艺术品 1600 余件，对外军事交往中受赠礼品 2754 件。

当然，由于之前军博在搞建设，所以变绿君和一帆都没有机会入馆接受我国的霸气侧漏的武装力量的“碾压”。

Tip：中国美术馆基本信息

开放时间：9：00—17：00（16：00 停止进馆）

地　　址：北京市东城区五四大街一号

网　　址 http://www.namoc.org/

03/ 中国美术馆

世界上最珍贵的艺术品都在哪？除去被神秘富豪收藏的部分，一般来讲，就在各国的博物馆、美术馆里了。那些富豪再多钱也买不着的珍贵艺术品，被国家的力量很好地保存了起来用以公众教育事业和国家形象展示。但并不是所有的宝物你都有机会亲眼一见，那年是中国美术馆建馆50周年纪念日，变绿君和一帆碰巧赶上了，见到了咱们国家顶级的美术馆里那些难得一见的镇馆之宝。

罗中立《父亲》（1980年）

（1）罗中立《父亲》

罗中立，罗院长，变绿君在四川美院读书时，他就因为跳欧巴骑马舞在八大美院和艺术圈火了一把。作为四川美术学院最为重要的七七、七八级领军人物，他成功打造了西南当代艺术圈。这幅语文课本上的插图有这么个语文课上的故事：1975年罗中立在大巴山区雨夹雪的除夕之夜遇到一位守粪的农民，并于 1980 年创作了这幅作品，1981 年参加第二届全国青年美展时获一等奖。由于变绿君与罗院长尚有往来，所以现在揭秘一个坊间版本：首先，希望大家知道油画颜料是一种覆盖能力很强的绘画材料。画中这位父亲耳上那个小小的笔头，曾经是一支烟！可是，为了某个展览，为了某种新时代的农民形象，烟变为了学习的原子笔。

这不免让人想到唐代张彦远这个很著名的绘画理论家的老话："夫画者，成教化，助人伦，穷神变测幽微，与六籍同功，四时并运。发于天然，非由述作。"

（2）吴作人《齐白石像》

这幅作品曾是课文《齐白石画虾》的插图，小时候我就常想：什么时候我才能画出齐白石爷爷那么厉害的虾？这幅插图的作者吴作人，是安徽泾县人。有趣的是他曾在与齐白石先生有着对立的艺术观点的徐悲鸿先生的画室学习。

中华人民共和国成立后，吴作人先生成了中央美术学院院长、名誉院长、中国美术家协会主席、全国人大常务委员会委员。还记得在《漫步大英博物馆》里，变绿君教过的"如何观赏一幅油画？"吗？我们不妨在《齐白石像》这张作品上实践一下！首先该作是吴作人先生的代表作品，吴教授的简历我们上面已经简述一二了。第二步，读画面本身的信息，画面上齐白石安坐在紫红色的沙发之中，宽厚的体魄及深色睡帽和虾青色大袍衬托出的鹤发童颜，显示出阅历深厚的老画家端庄安详的心境。而对老画家的五官尤其是眼神的刻画，以及右手拇指与食指摆弄笔管的习惯性动作的绝妙处理……这诸多细节和整体造型相呼应，准确地画出了齐白石的气度和风采。

以上是创作主题分析，我们再来个创作技法分析：经过多年实践和探索，吴作人此时正值创作的高峰期，该作没有过多地追求明暗块面和色彩冷暖关系变化的平光处理以及大片空白的运用，也

吴作人《齐白石像》1954 年

与齐白石这位中国画大师的民族艺术格调极其相谐。最后，再来个艺术评论上的抒发：从该作也可看出，肖像画有着“盖写其形，必传其神，传其神，必写其心”的艺术规律。俄罗斯普希金造型艺术博物馆馆长札莫希金评价这件作品时说它“足以和列宾的《托尔斯泰像》相媲美”。故此，该作堪称现代中国油画中富有民族气派的典范性作品。

（3）齐白石《工虫册页》

齐白石老先生，被毛主席亲切地称为“人民的艺术家”。他原名纯芝，后改名璜，字濒生，号白石、白石山翁，湖南湘潭人，是变绿君老乡！齐老先生乃根正苗红的农民出身，早年曾学习木工，57岁后定居北京，成为中国画变革创新的代表人物，在国内外享有极高的声誉。

这里先铺陈点艺术史知识。一般做艺术史研究的

齐白石《工虫册页》（1924年）

时候，我们都很注重一个叫“交游考”的玩意儿，就是西方那句，影响你最深的不是父母或者老师，而是 peers！中国所谓“同道中人”就是这个意思。所以，1917 年齐白石与陈师曾在北平相识，这是一个标志型事件。为什么这样说呢？先说一下这个陈先生是何许人：陈师曾出身书香门第，祖父是湖南巡抚陈宝箴，父亲是著名诗人陈三立。他本人还是很著名的艺术史家。所以投胎是个技术活啊，在“帝都”先扯一扯老乡，再策一策（湘方言）爱好，这朋友就交上了！接着，陈师曾先生激励齐白石先生独辟蹊径，劝其变法。齐白石 57 岁时开始了著名的“衰年变法”，他自己说：“扫除凡格实难能，十载关门始变更。”自此之后，他创作的红花墨叶和工写相间的花鸟画新风格，融文人趣味和民间趣味于一体，成就了活泼自由的新境界。正所谓，每个成功的艺术家背后都站着一堆艺术史家。

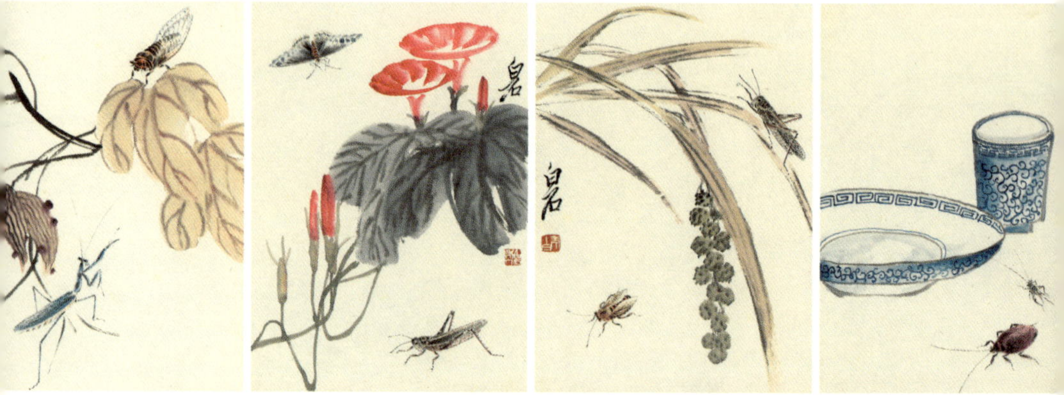

这套 1924 年的工虫册页就是齐白石寻求变法突破时期的作品。他在深厚的传统功力基础上，以自己摸索出来的一套为“万虫写照、百兽传神”的笔墨技巧，成功地实践了他所坚持的“妙在似与不似之间”的信条。白石老人的作品表现技法的最大特征就是我们常说的兼工带写。一方面，蝈蝈腿上的刺毛根根毕现，蝈蝈肚子的柔软质感、黄蛾双翼分布的经脉都刻画得非常细腻；另一方面，枝干简括勾写，花叶大笔渲染，两者有很大的视觉反差，同时在意趣上又是统一的。构图或斜倚，或垂直，或对角，整本册页动静结合、疏密搭配。但要做到这个其实不容易，他自己曾说：画虫“既要工，又要写，最难把握”，“粗大笔墨之画难得形似，纤细笔墨之画难得神似”。作为吃得苦、霸得蛮的湖南人，齐白石先生解决这个问题的方法，真是要变绿君望洋兴叹“惊为天人”！

齐白石《工虫册页》（1924 年）

不知道各位了解齐白石先生几分，比如翻看画册时是否留意“率真与老辣”这一组词总是频繁地被用来形容他的作品。所以这里我补充两个关于老爷子的故事来解释一下这对反义词。一是，有异人（看相算命的人）曾言齐白石在 75 岁的时候会有大灾难，于是老头把自己年谱和题在画上的时间通通跳过了两年。也就是这么一个迷信惜命的老头，在解决上述工写结合的问题时又有一则故事。齐白石学画起步晚，在中年时依然难以完成自己满意的辛辣狂放的大写意笔法，所以他就在很多纸上乘自己眼神精敏而画了很多工细的小虫。待到七八十岁，眼神不好，手也抖了，他就在这些小虫旁加上大写意的植物。怎么样？不得不感叹道这是一个用生命清供给画画的人！此局一做几十年，上帝爸爸、玉皇大帝老爷都被骗了，不免让人想起“胜天半子”的故事。

李可染《万山红遍》（1963 年）

（4）李可染《万山红遍》

关于李可染先生的这幅画，变绿君已经不记得是哪篇课文的插图了，但是贾平凹先生编的实验班语文课本是一定有这么一张的。作为新中国山水画革新的代表人物，他将西画中对光的运用引入中国画，令传统山水画获得了前所未有的空间层次和体积感，极大地推动了山水画的现代转型。让变绿君和一帆深受感动的是李可染先生认为山水画创作是“为祖国河山立传”，所以他扬鞭策马多年，行程十数万里，走遍大江南北，饱游饫看，深入探求自然山川之奥妙。

那么关于这幅画，有这么几个创作背景凸显了该作的重要性。首先是，20世纪五六十年代，中国画坛兴起了毛主席诗意山水画的创作热潮。作依毛泽东《沁园春·长沙》中“看万山红遍，层林尽染”两句而作，描绘了南国深秋的壮美景象。其次就是，在李可染先生学画时期，关于中华人民共和国成立初期的“新国画运动”。李可染的老师徐悲鸿、林风眠等都是这场运动的代表人物。1954年后李可染先生屡下江南，探索光与墨的变幻。所以该作在色彩上，画面整体以重墨为底，上敷朱砂、朱膘色，大量朱砂的使用表现出了深沉茂密的精神力量，整体色调瑰丽深沉、浑厚凝重。与之相映成趣的是作品中“李家山水”经典程式的“挤白”，作者利用色墨将白色空间压缩为山间的屋舍和倾泻而下的溪流，使其成为画面最亮的画眼。

孙滋溪《天安门前》（1963 年）

（5）孙滋溪《天安门前》

这幅画，大应该不陌生，它曾是小学课本《我爱天安门》那篇课文的插图。作者孙滋溪是山东人，现任中央美术学院教授、中国美术家协会插图装帧艺术委员会副主任和中国出版工作者协会装帧艺术研究会理事、中国油画学会理事。

油画《天安门前》完成于 1963 年，是新中国红色美术经典作品之一。创作素材提取自进京的游客们一定要跟天安门合影的普通场景。此刻他们心里不免哼唱起“我爱北京天安门”的曲调。较之于西方油画，这幅作品有个明显的不同之处，就是视觉上更为平面，就像摄影里“零景深”的概念。那是因为画家将中国民间艺术融合进西方写实油画创作中，形成了一种民间年画式的、吉祥喜悦的拼贴效果。画家在构图上采用对称的格局，既贴合天安门带给观者的感受，又突出画面庄重、稳定的形式美。在视角上作者采用散点透视的办法，使人物和天安门具有一定的比例关系，保持了天安门高大的感觉。此作品具有邹跃进老师在《毛泽东时代美术》中提出的 20 世纪五六十年代油画创作的浪漫主义情怀，感染力极强。

（6）潘鹤《艰苦岁月》

雕塑家潘鹤是广东南海人。他的作品《艰苦岁月》曾被编入小学教材，成为几代人的集体记忆，堪称中国雕塑史上的划时代之作。作者有电影《无问西东》的视角，就是把被大时代裹挟的人解放出来，把对英雄崇拜的我们归还到平凡的日常中的创作企图。对比伫立在天安门广场上的人民英雄纪念碑上雕刻的史诗长卷，该作显得精巧迷人，仅以老战士吹笛、小战士托腮倾听的非战斗情节表现艰苦年代的乐观精神。我们经常说这样的作品是革命现实主义与浪漫主义相结合的经典之作。具体来说就是题材上是朴素的艰苦的现实，比如作品表达的是战争的艰苦卓绝；而艺术手法上是高度文艺的，比如作品就截取了战争中少见的战士们放松休息的场面，采用了经典的三角形构图，艺术语言充满了对立。简而言之这是一种与电影中的“暴力美学”相类的方案，反而引起了观者的强烈共鸣。

潘鹤《艰苦岁月》（1957年）

Tip：国家典籍博物馆基本信息

开放时间：9：00—17：00，周一闭馆

地　　址：北京中关村南大街 33 号国家图书馆内

网　　址：http://www.nlc.cn/nmcb/

04/ 国家典籍博物馆

2014 年 9 月 9 日，国家图书馆举办了一场隆重的开馆仪式，来自文化部及直属单位、北京市相关单位、设计建设单位的代表，博物馆界代表、图书馆界代表、高等院校专家学者等近百人出席了开馆仪式。这就是大名鼎鼎的被称为“国家历代大脑核心储存器”的国家典籍博物馆开幕了。该馆建筑面积 11549 平方米，拥有展厅 10 个，可为公众提供更加宽敞的文化活动空间。国家典籍博物馆依托于国家图书馆的宏富馆藏，是国家图书馆社会教育职能的新拓展。这不仅是国内首家典籍博物馆，也是世界同类博物馆中面积较大、藏品较丰富、代表性展品较多的博物馆。

典籍博物馆是图书阅览的一种新形式，可以使博物馆与图书馆的功能充分融合，发挥各自的服务优势，“让书写在古籍里的文字活

起来”。国家图书馆共收藏善本古籍近30万册，直接继承南宋以来的历代皇家珍藏。随便聊几句藏品吧，毕竟仓颉造字就已天骤雨万鬼哭了，吾等鼠辈多言总有妄诞之感。例如敦煌遗书，它是中国的重要文化遗产，也是国家典籍博物馆古籍善本四大专藏之一。再有如金石拓片，也就是篆刻在石头和青铜一类金属材料上的文字。这种记录载体为我们保留了无数珍贵的文物、文献资料和书法艺术资料，为中华文化遗产的有序传承做出了不可磨灭的贡献。还有样式雷图档！样式雷图档是指清代雷氏家族设计、绘制和写作的建筑图样与文字档册。国家图书馆收藏的样式雷图档，共计14936件。这个若平地惊雷的雷氏家族参与设计的建筑作品被列为世界文化遗产的有故宫、天坛、颐和园、避暑山庄、清东陵、清西陵等。这些建筑的图样成为珍贵的建筑史料，展示了中国的建筑思想以及中国建筑学的发展。另外，曾在春节联欢晚会上大展风采的舆图类藏品也值得着墨。国家图书馆藏古代地图内容非常丰富，其中1949年以前编制的中文地图达8000余种，无论是数量还是质量，均在国内外首屈一指。通过这些内涵丰富的地图，我们可以了解

敦煌遗书展馆

金石拓片展馆

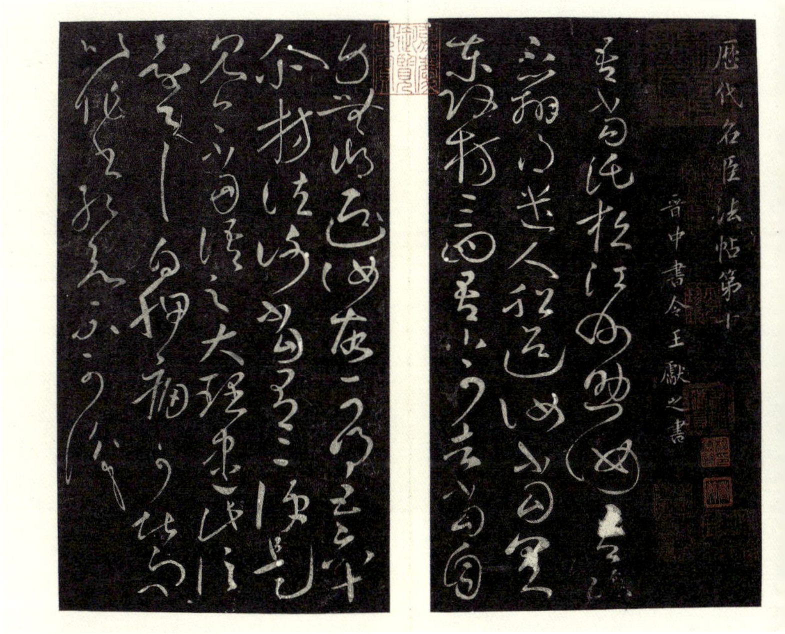

淳化阁帖（局部）

中国古代舆图的发展进程和中外交流的历史轨迹，并进一步感受舆图在中华民族文化宝库中所占的重要地位。还有变绿君强烈推荐的“国图讲堂”现场或者网课，大家一定要去听听，绝对“朝闻道，夕死可矣”！

总的来说，变绿君对这个馆是十分敬重的。因为它的存在总提示着两件事。就像英国作家毛姆所言“阅读是一座随身携带的避难所”。在顺境中读书，就是“人生得意须读书”的心态，太可贵了，往往阅读时受当头棒喝，合上书本却有种“轻舟已过万重山”的内在化的愉悦。逆境中读书，则更是助长功力千千万。历史上屈原被放逐而作《离骚》，司马迁受宫刑后著《史记》，曹雪芹举家食粥难糊口仍撰《红楼梦》，书本之于逆境中人，往往有使潜蛟化龙之效。所以，说是两件事实则一件事，不读书者面目可憎！

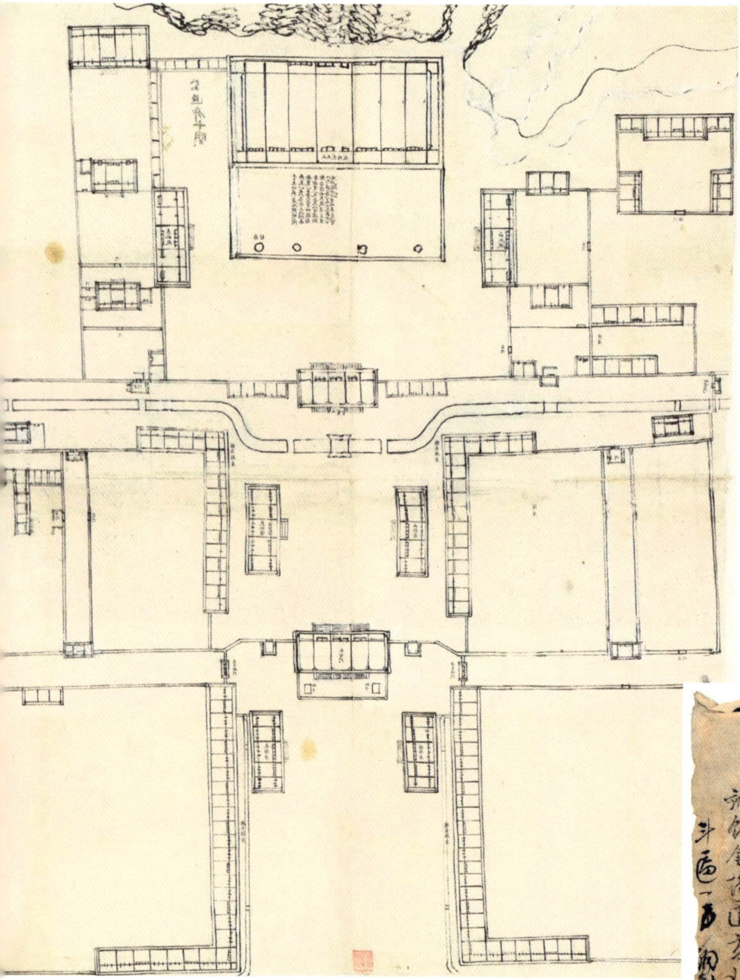

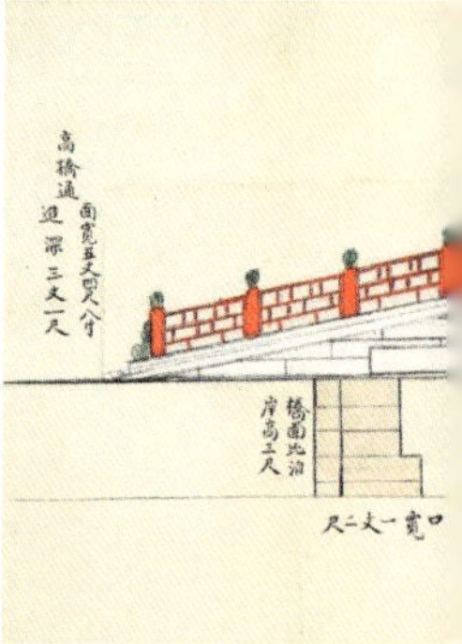

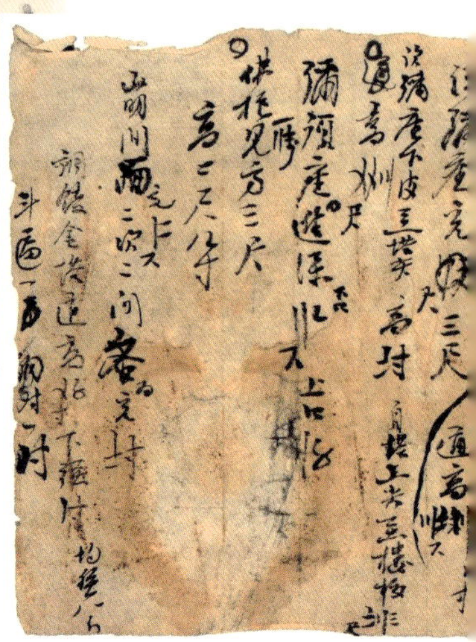

样式雷图档

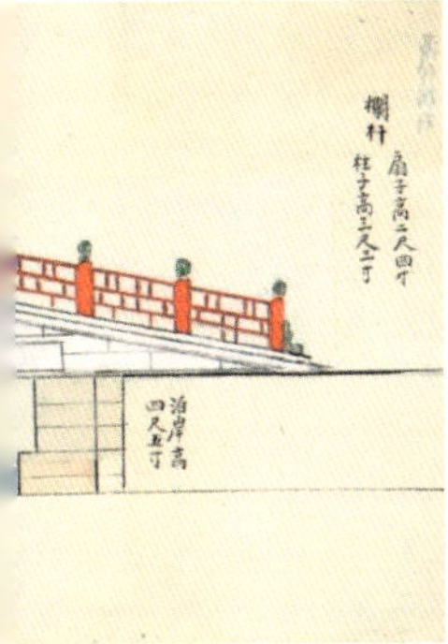

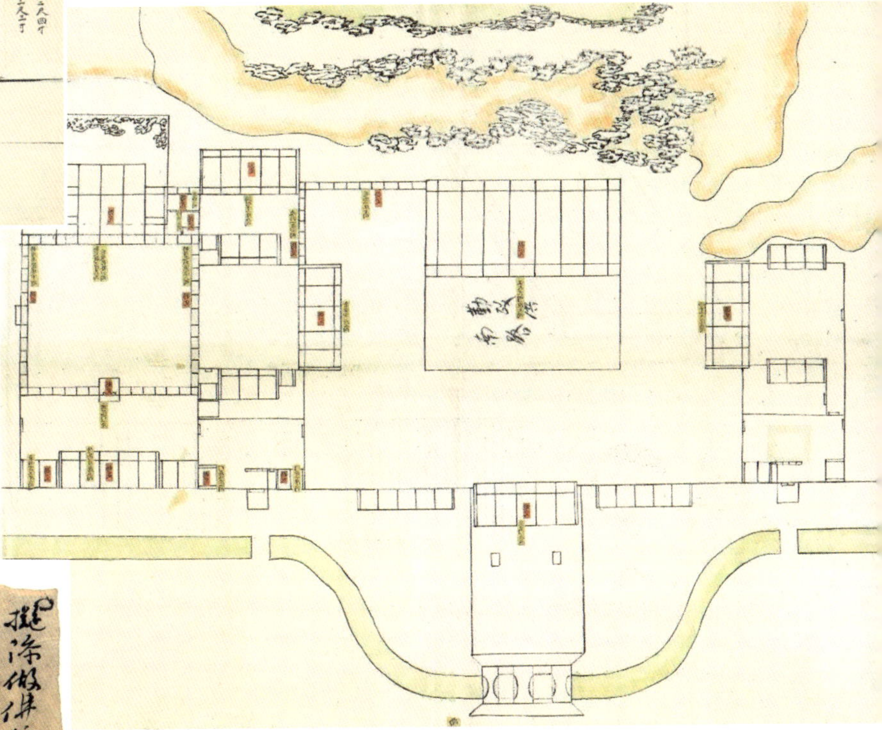

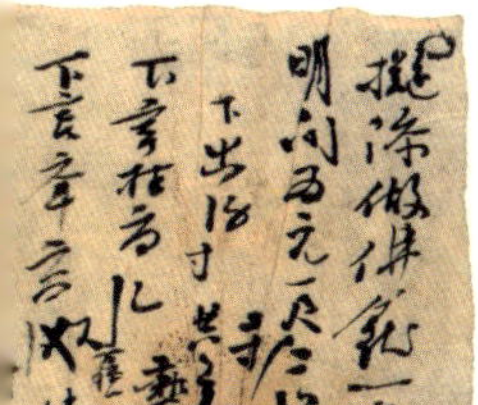

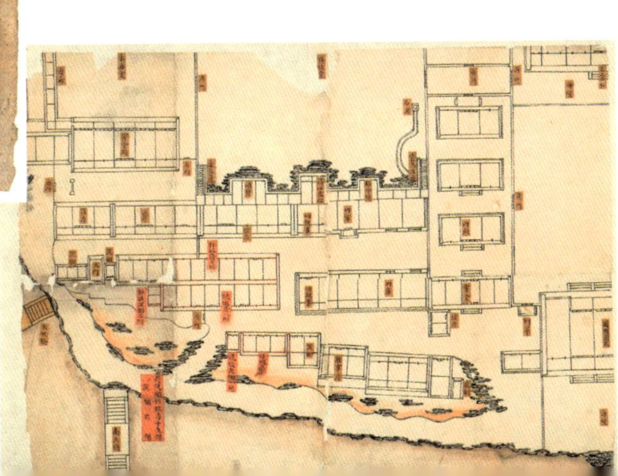

插播：如何制作一本手工书

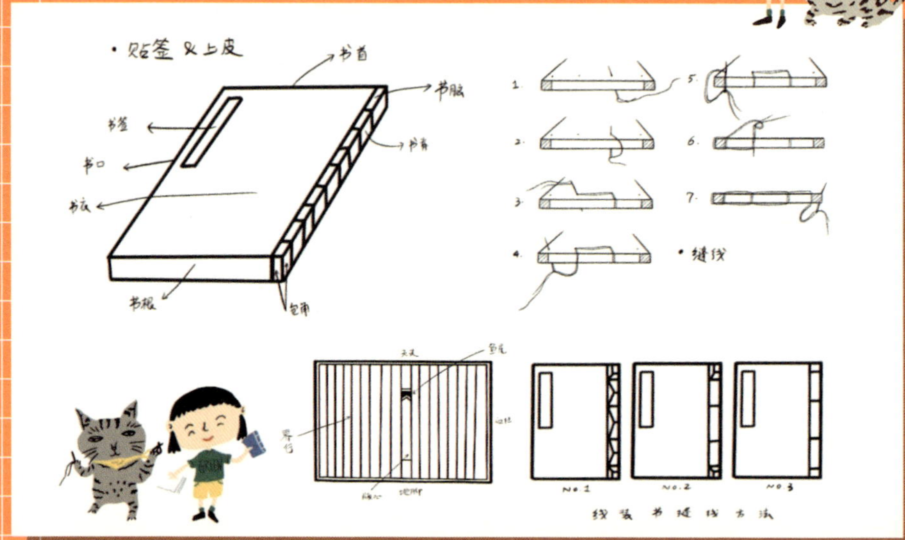

（手绘全图解）

第一步：裁纸

裁纸要根据雕版的尺寸决定线装书的尺寸，一般来讲书页的天头和地脚的比例以 3：2 为一整册书页纵横比为 3：2 的书籍，看起来会更为美观大方。当然具体尺寸可根据自己的喜好而定，需要强调的是应注意纸张的连纹，一般来讲细密连纹横向为正裁，只是要避免弄反方向。

第二步：刷版

将裁好的书页纸（一般用宣纸）覆在雕版上进行刷印，注意书页放置时，板框左右留白距离相同；板框上下，也就是书页的天头和地脚的比例为 3：2。刷印雕版时可刷朱砂液、花青液、墨液等，刷印出来的分别叫红印本、蓝印本、墨印本。将刷印好的书页按照页码排好。

第三步：折页

将全部雕版刷印好以后，要将书页折起来，从中间的版心处对折，对折时折痕要实，页码放置顺序为从右向左翻阅小号在上大号在下。这一步不是很复杂，但是一定要有耐心，确保书页对齐。

第四步：齐栏

齐栏是线装书制作过程中尤为重要的一步。栏，指的是板框的下栏。齐栏就是齐板框的下栏，成书后下栏要在一条线上，书口要齐。具体方法是：左手拇指肚抵住书口，右手移动书页，上页栏找下页栏。最后切齐书口。

第五步：压平

齐好栏的整个书页上下各垫两张护页，上下放置压书板，书页连同压书板整个放进压书机下压平。至少要经过一天一夜，待书页压实压平方可取出进行下一步操作。如果书口或者下栏不齐，这时可以再跺齐书口、齐好下栏。考虑到大家条件都很“艰苦”，没有压书机，可以用其他重物代替，比如你自己。

第六步：订捻

一本书整个书页的固定靠的是书捻，书捻又叫纸钉，一般由皮纸搓成，一头尖一头留出一段不搓。也有搓马蹄捻的，一般用于开本较大的书。书捻一般订在成书的三分之一处，书脊和书眼的宽度中间。找好位置，书页小号在上放置，方向是从上向下打眼。纸钉打两个眼，马蹄捻需要打四个眼。订进书捻的同时将书捻的头尾抹上厚一点的浆糊，粘在护页上，上下捶平。订好书捻的书页叫做书芯。

第七步：上皮

书皮纸比书页纸厚，现在市场上有专门的书皮纸，多为仿古色、磁青色，书皮的尺寸要略大于裁好的书芯的尺寸。将书皮书脊边裁齐，对齐书芯的书脊，厚一点的浆糊涂在书捻上固定书皮，用压铁压住，另外三边依据书芯的尺寸折出痕迹，剪去长出来的四个小脚，注意不要剪多了，剪多了的话折进去会露白。用厚一点的浆糊将书皮的三边粘在书芯上，每条边只需点几点浆糊。

第八步：打眼

用两张纸条，分别与书宽和书高等长，书宽纸条折出四分之一的三分之一处的折痕，书高纸条折出八分之一的四分之三处的折痕，两纸条分别对齐书的天头和书脊边，两条折痕的交界点为其中一个书眼的位置；有了这个书眼就可以找到其他三个书眼，书高边对折过来找到第二个眼，边沿再对折到中间线处，找到另外两个眼。按照扎眼的位置打眼，也是从上向下打眼。

第九步：缝线

线可用棉线、丝线，也有用尼龙线的。线的长度约为书高长的 6 倍。穿线，双股。书脊对着自己，从天头处的第二个眼下针，从上向下穿线，将线头从书脊的中间拔出来，拉出来一点，左手捏住线头开始缝，将线翻上来再穿一遍这个眼，穿出来，注意整个过程中双股线要平行不能交叉，往天头的书眼处走，拉过去，穿一圈，先横后纵，再往第二个眼走线，再往第三个书眼走线，先横后纵，注意不要中间往回走，再往第四个书眼走线，仍是先横后纵，走到头了才能往回走，把没有缝到的缝上，最后线又回到了第二个书眼处。检查一下是不是都缝完了。然后结尾，结尾是针从第二个书眼的三条双股线下顺时针穿过来，进到形成的线圈中，拉紧，再将针从圈中穿出去，再拉紧，把圈拉到书脊中间段，用剪刀剪掉多余的线头。再把最初留的线头拨进书脊里。现在再检查一下缝线的情况，有交叉的可以调整一下。注意，缝书时手劲不能太松，尤其是缝新书。

第十步：贴签

书签要贴在上书皮的左上角处。用较薄的浆糊贴，少量点几点粘在书衣上。签长依据内容来定，一般不超过书高的三分之二，宽度可以自己调整，力求美观大方。

经过上述九个步骤一本线装书就做好了。变绿君觉得如果大家喜欢线装书的装帧样式，不妨去找些白色或素色的纸来实践一个线装书版的白页本子，可以用来做阅读笔记及其他，总而言之，以手及心的匠人情怀，能给我们匆忙的生活带来一份额外的舒适。白页本子做起来还会相对简单，因为它省略掉了印刷和齐栏的步骤，期待你的大作哟！

Tip：中国园林博物馆基本信息

开放时间：9：00—16：30（15：30 停止入馆，周一闭馆，法定节假日另行通知）

地　　址：北京市丰台区射击场路 15 号

网　　站：http://www.gardensmuseum.cn

05/ 中国园林博物馆

中国园林博物馆坐落在辽阔的丰台区，紧挨着永定河边的园博园。自驾走五环直达，公共交通最方便的是：地铁 14 号线园博园站 + 公交“专 55 路”，园林博物馆站下车即到。博物馆凭身份证免票，因地方偏远游人并不多，很大一部分带小孩的游客只在开放空间活动，体验一级棒！

那进去瞧什么呢？进门左手边是常设展区，不同主题的展览占了 2 层大厅，从古代到现代，从中国到外国，全面地讲解了园林的历史、文化和技术。布展水平比较一般，书画类展品大多是复制甚至印刷品，仅供了解知识，真品还是得去大馆看。

右手边是临时展区，上下两层有4个展厅，不定期展示一些和其他博物馆合作的展览，比如“避暑山庄·外八庙皇家瑰宝大展”“南宋窖藏瓷器精品展”，展品规格要高一个档次，赶上了可以看看。园林博物馆最值得看，最大特色是复刻的园林，室内有1楼的苏州畅园、广州余荫山房和2楼的扬州片石山房。别看是在室内园，假山、花草、池塘、亭台样样齐全，水里还养着锦鲤和天鹅，还原度极高。

户外也有3个园林，分别是塔影别苑、半亩轩榭和染霞山房。塔影别苑占地面积最大，主题是一个小湖，南岸修建了各种桥亭轩榭，还有一个小荷塘，盛夏有荷花绽放，北岸是石舫和牌楼。向西看永定塔倒影，向东看视野极其开阔，真正的移步换景。倚着栏杆或柱子迎风赏景，那种感觉只能借苏轼的“飘飘然欲仙乎”来形容了。

半亩轩榭是北方平地园林，更多的看点在盆景和假山；染霞山房是北方山地园林，爬上一个小山坡，脚下的园博园和永定河一览无余，偶尔还有“和谐号”呼啸而过，有绿皮火车轰隆隆从背后山间驶过。想拍火车？那就去园博园里面吧。

插播：名画里的中国园林

在世界三大园林体系中，中国的园林文化是最早形成自己特有体系的。3000 多年前的殷商时代，中国就有“囿”或“苑囿”的说法。当时的皇帝老爷喜欢圈出一块空地，用来种种花、栽栽树，后来估计是发现小鸟和鱼类的粪便是很好的肥料，所以就一把整齐全了，再修个房子每日欣赏自己“环保节能新农村”的作品，纣王的鹿台就是其中的典型代表。春秋战国时期才真正孕育了中国园林，因为这时的人们在上述的园子里加了个新物种，就是人类自己，为此人们修桥修路最终把自己送去给飞鸟走兽做伴了。

秦汉时期的园林也算是集大成者，这从历代的记载中都可以体现出来。关于秦代的阿房宫，历史上记载颇多，如汉代司马迁的《史记·秦始皇本纪》、唐代杜牧的《阿房宫赋》。而汉代园林则在秦代园林的基础上有了三个进步。一是园子变大了，上林苑在数百里之间有几十座宫殿，是在秦代皇家林苑的基础上再次扩建的。汉代辞赋家司马相如曾在《上林赋》中描述汉武帝的上林苑：“崇山矗矗，巃嵸崔巍，深林巨木，崭岩参差”。再有就是为皇家园林奠定了造园思路。汉武帝因为好神仙，第一次在园林中开创了“一池三山”的造园方式，就是蓬莱、方丈、瀛洲之类的，毕竟刘彻哥哥连灯都要用仙山款的嘛。最后一点是，私家园林出现了，好多王公大臣也做起了在自家院子当老大的美梦。值得注意的是还有这么一派，深受道家出世的影响，离群索居在深山做起了隐士，悠游于天地之间，不贪图世间繁华。不得不说园林建筑突破皇室垄断，是园林艺术真正走向辉煌的开始。

这两种造园门派到唐朝就泾渭分明了，有几个园林可以呱唧呱唧：代表宫苑园林的大明宫、曲江池、芙蓉园，代表田园园林的辋川别墅、独乐园。详情参见仇英版《独乐园》以及文徵明版《独乐园》。

从北宋末年到明朝末年，中国的经济政治中心转移到了江南，中国园林的江南时代开始了。“江南”一词就文人生活的标签。郭熙的名作《早春图》排布方式和今天江南园林的假山非常相似。再看看刘松年的《四景山水图》，达到了山水风光与园林建筑的自然融合。总之江南时期的园林有这么几大特点：一是面积小，二是石头的地位更突出了，三是水池变成了园林的重心，四是园林成为文人生活之要件。

本来到这里我们也就大致讲完了中国的古典园林，但偏偏中国的封建社会源远流长。皇帝老爷们还在，园林发展就不能闲着！尤其是清朝，所以我们接着往下看。可能是由于清王朝来自于关外，对于北京的炎夏气候不能适应，所以清朝一直都在建设离宫园林。

北宋　郭熙《早春图》

南宋　刘松年《四景山水图·夏》

Tip：首都博物馆基本信息

开放时间：9：00—17：00 周一闭馆

地　　址：北京市西城区复兴门外大街 16 号

网　　址：http://www.capitalmuseum.org.cn/

01/ 首都博物馆

首都博物馆简称首博，位于北京长安街西延长线上、白云路的西侧，复兴门外大街 16 号，原馆址是“北京孔庙”。这是集收藏、展览、研究、考古、公共教育、文化交流于一体的博物馆，是北京地区大型综合性博物馆，属中国省市级综合性博物馆。截至 2015 年年末，首都博物馆总建筑面积 63390 平方米，常设展览藏品数量为 5622 件，展馆有地上五层、地下二层。

Tip：北京画院基本信息

开放时间：周二—周日 9：00—17：00，周一闭馆

地　　址：北京市朝阳区朝阳公园南路 12 号院

网　　址：http://www.bjaa.com.cn/chiefly.html?hcs=1&clg=2

02/ 北京画院

不知道有没有朋友记得，在介绍《漫步大英博物馆》时，我们说过英国有一家皇家艺术院。那么，我大中华一直秉承着“人无我有，人有我优”的优良传统，怎么可能会少这么一个集教学研究、展示陈列于一体的艺术圈核心机构呢！北京画院，原名北京中国画院，是中国成立最早、规模最大的专业画院。1957 年 5 月 14 日，北京中国画院在文化部礼堂召开成立大会，标志着中国建立画院体制的正式肇始。在成立大会上，周恩来总理做了长篇讲话，确定了北京中国画院是创作、研究、培养人才，发展我国美术事业，加强对外交流的学术机构，他“希望北京中国画院今后能团结中国的画家，继承中国画的优秀传统，吸收外国绘画的长处，努力创作，加强研究，不断提高，培养后代，让百花齐放、众美争妍，为创造社会主义中国的新美术而斗争”。那么，在周总理的指示下，北京画院又有了何种转变呢？大家不妨亲自走马上阵去瞧一瞧。

Tip：北京古观象台基本信息

开放时间：9：00—17：00（周一闭馆）

地　　址：北京市东城区东裱褙胡同 2 号

网　　址：http://www.bjp.org.cn/col/col5/

03/ 北京古观象台

映入变绿君和一帆眼帘的清代 8 件巨型铜制天文仪器。从古至今，人们仰望天空，无法摆脱对天和天外的好奇和想象。古观象台这是明清两代的皇家天文台，古观象台从事天文观测近 500 年。这里的基本陈列“中国古代天文学”展，从“中国星空”“西学东渐”“仪象神韵”三个方面展示了中国古代天文学成就和中西天文学交流。记得来感受一番古代天文科技的魅力。

Tip：观复博物馆基本信息

开馆时间：9：00—17：00（16:00 停止售票），周一 16：00 闭馆（15：00 停止售票），除夕、初一、初二、初三闭馆

地　　址：北京市朝阳区大山子张万坟金南路 18 号

网　　址：http://www.guanfumuseum.org.cn/

04/ 观复博物馆

私人！私人！私人！重要的事说三遍。

一帆大爱之馆，上海分馆不知道冲进去过多少次。北京馆呢，有很暖人心的小巧思，缓缓温和地传递着文化的温度。比如周末有免费讲解，文字内容翔实，门票设计成书签，听说二十年来，没有人往地上扔过一张。展厅出口的观复猫文创商店摆放着精美可爱的观复猫胶带、抱枕、鼠标垫、杯子等周边……让我们拔腿狂奔向它飞去吧！映入眼帘的整个墙面都是被爬山虎包围，满院子的猫，暖暖的橙色，文艺得你只想写诗和野餐。只有走进去才知道内藏乾坤，里面都是大家伙。

老子《道德经》里的“致虚极，守静笃，万物并作，吾以观复，夫物芸芸，各复归其根，归根曰静，静曰复命……”就是“观复”博物馆名字的典出。其中不难想见“万物并作，吾以观复”的那种“我自岿然不动”的气场，马爷这股子精气神在《圆桌派》《观复嘟嘟》这些电视节目上也是淋漓精致。观复内分陶瓷馆、家居馆、工艺馆、门窗馆和油画馆等场馆，里面的藏品都是经过马先生千淘万漉来的宝贝，从7000千年前的良渚文化的木胎漆碗到清乾隆时期的铜胎珐琅器，金银铜铁，不论贵贱，穿越漫长的历史，诉说着文明的进步。事实上，这个馆让变绿觉得感动的是，人间一趟，能行愿至何处何为？马先生讲述得很实在！对了，观复博物馆和其他博物馆最大的不同是侧重开放的形式，强调人与历史的双向沟通。所以馆内

观复博物馆内部展品

藏品除了特殊的瓷器，都不设玻璃罩和警戒线，参观者可以最近距离观看研究这些精美的展品（但不可以触摸），少了作为文物的距离感，多了现代与古代的交融。超级推荐的是古代书房“渠清书屋”的实景陈列，体验非常好，其权威性和观赏性在国内称得上是犀首级别的。

在博物馆售票处旁边的猫屋玻璃上，贴着观复猫花名册，在历史与文化中熏陶久了，这里的猫巴不得“指点江山，激扬文字”一番。观复猫们有着不同官职，并且一起携手经营起一个“小朝廷”——猫星博物馆。德高望重的花肥肥作为博物馆的第一只猫，实至名归

观复猫

的担任了理事长。黄枪枪是这里的接待馆长，一招呼它就马上凑上前来，让摸让抱。接着招兵买马了云朵朵、麻条条、蓝毛毛等。博物馆前部有一个超级豪华猫办公居住一体化场所，简直就是观复博物馆里的谷歌大楼。这里的喵星小主们无论生世几何，性格如何？社交达猫也好，喜静的社交障碍猫也罢，但是来到这里，都被一视同仁，过着可以自己做主的小日子。我们观望着它们，或许它们也在观察着我们，却不知在它们眼里，我们是怎样的存在，演着怎样的剧本。这也就是观复馆的一个很重要的人生的启示吧，观复猫，复观己。

Tip：新文化运动纪念馆基本信息

博物馆地址：北京市西城区阜成门内大街宫门口二条 19 号

纪念馆地址：北京市东城区五四大街 29 号

网　　址：http://www.luxunmuseum.com.cn/

01/ 北京新文化运动纪念馆

2018 年 4 月 1 日，距 1898 年戊戌变法已有 120 年，距 1919 年五四运动已有 99 年，变绿君和一帆来到北京新文化运动纪念馆，也就是传说中的北大红楼，这里曾是新文化运动和五四运动的重要策源地。

在寸土寸金的北京，红楼大部分地方都被《求是》杂志社占据，留下一隅作为新文化运动的纪念馆。北大红楼建于 1918 年，其外形呈工字形，共有 4 层。第一层和半地下室为灰砖清水墙；

第二三四层为红砖砌筑，用宽大出挑的房檐和粗壮的椽木装饰；第四层窗做大拱券窗；大门上部檐口用西洋巴洛克风格三角断山花装饰。

纪念馆分有好几个部分的展览，讲述马克思主义如何在中国传播，新文化运动如何兴起的，有展示红楼时期北大人的生活的，还有讲述陈独秀先生的，在展览多以原状陈列与老照片的方式帮助观众进入历史。去年为纪念五四运动一百周年，继承和弘扬五四精神推出“五四现场”展览。展览所选文物资料、照片和绘画作品，起自 1919 年 5 月 4 日学生游行，终于 1919 年 6 月 28 日中国代表拒签对德和约，叙述运动过程，再现历史面貌。展览分成“五四事件”“运动扩大”“学生大逮捕”“运动高潮”“拒签和约”五部分。

变与不变，似乎是每个时代都要面临的问题。新文化运动更是对此争论不休：人们狂风暴雨的摧毁了旧有的事物，却深感无力建立起一个新世界，于是回过头拾掇一些废砖旧瓦做地基。有不变的东西吗？或许有，或许是那流淌在血液中的基因，或许是对于未来的那种不安，也或许是深藏心底的那种不安分，那种翻开古籍时常想推翻什么，又想维护什么的古怪心理。不免想到电影《无问西东》里的台词，“愿你在被打击时，记起你的珍贵，抵抗恶意；愿你在迷茫时，坚信你的珍贵。爱你所爱，行你所行，听从你心，无问西东。”

Tip：北京大学赛克勒考古与艺术博物馆基本信息

地　　址：北京市海淀区颐和园路 5 号 北京大学校本部

网　　址：http://amsm.pku.edu.cn/

02/ 北京大学赛克勒考古与艺术博物馆

众所周知，北京大学的前身是 1898 年 7 月开办的京师大学堂。作为百日维新失败后仅存的“新政”，这座中国近代第一所高等学府最初选址在与紫禁城咫尺之遥的景山东侧，也就是今天的沙滩后街 55 号院。这里曾是乾隆的四女儿和嘉公主婚后的府邸，俗称“四公主府”，公主去世后，府邸被内务府收回。1898 年，曾经的公主府被选为京师大学堂校址，再次成为人们关注的焦点。

嗯，变绿君曾经穿着高 12 厘米的高跟鞋在燕园里头找过这家大名鼎鼎的博物馆，找到时她任性地闭关啦。后来在一个暑热烧头的夏天，又是在燕园等人，莫名其妙地拐进了一个凉飕飕、绿茵茵的地方，一看宣传册发现居然是大名鼎鼎的赛克勒。这大概也是在艺术史的浩瀚汪洋中行舟的一番提喻法。

先说北大，当然，其实我不说大家也都懂。那再讲讲赛勒，很多人简称鸣鹤园里的小楼为“赛勒”，但是赛克勒其实是这所博物馆捐赠者的名字，而且“赛家儿女”众多，因为赛克勒先生还在美国哈佛大学、普林斯顿大学、华盛顿特区、纽约大都会博物馆及英国伦敦等地捐建了博物馆、美术馆等文化机构或捐有藏品。不得不说，赛克勒先生既有雄厚的经济实力，又有馈享万世的情怀。

正经而言，北大赛克勒博物馆是坐落在北京大学校园西北部风景秀丽的鸣鹤园内的一幢仿明清古建的庭院式建筑，早在 1986 年，这座小花园就破土奠基了，1993 年正式开放。这里可以让你在古朴典雅的氛围中尽情浏览历史长河，感受艺术启迪。“考古传递理性，艺术激励创新”是该博物馆一以贯之的理念，听说她“将竭诚提供打动人心的观展体验”（馆内广告语）。

最后来一首诗，或许也是首歌：

“燕园深处，红湖之滨，有我。西门拐角，鸣鹤园内，有我。海纳千古，文化之宅，有我。考古文博，古韵弥新，还有我。”

馆内大厅、陈设

Tip：清华大学艺术博物馆基本信息

地　　址：清华大学校内光华路

网　　址：http://www.artmuseum.tsinghua.edu.cn/

03/ 清华大学艺术博物馆

清华大学艺术博物馆建筑由国际知名建筑师马里奥·博塔主持设计。建筑本身呈现出建筑师对博物馆空间组织、场所与环境的解读。博物馆首展共设置7个板块展览，包括1个常设展和6个临时展览。

（1）对话达·芬奇 / 第四届艺术与科学国际作品展

展览包含达·芬奇的60幅《大西洋古抄本》手稿真迹、装置模型，用“穿越”的勇气和眼光去寻找和发现其中隐秘的哲学意义和现实思考。

（2）“尺素情怀”——清华学人手札展

在清华大学百余年的办学历程中，名师荟萃，名家辈出。展览通过展出一批有重要学术贡献和社会影响的清华学人手札，让观者感悟前辈学人的情怀与境界，以唤起后辈学子对学术的向往。

（3）“学院传薪”——清华大学美术学院艺术作品展

“学院传薪”集中展示了至今活跃在中国造型艺术、设计艺术界的骨干力量，以及清华大学美术学院教师和毕业生60年来的佳作、力作、新作。

（4）“营造·中华”——清华营建学科专题展

这个专题展集中展示了中国营造学社简史及学术成果，并对梁思成等学界先驱对中国建筑史学的建构过程进行扼要梳理。

（5）“清华藏珍”——清华大学艺术博物馆藏品展

“清华藏珍”是清华大学博物馆的常设展厅，囊括书画、织绣、瓷器、家具、青铜器五个艺术门类，共计450组（件）藏品。

Tip：中央美术学院美术馆基本信息

开放时间：周二至周日 9：30—17：30

地　　址：北京市朝阳区花家地南街 8 号中央美术学院美术馆内

网　　址：https://www.cafamuseum.org/

04/ 中央美术学院美术馆

该馆现已收藏各类美术作品 1.3 万余件，包括清代以前及近现代艺术大师、当代著名美术家的代表作品和建院以来历届学生的优秀作品，国内外艺术家本人及家属、国外政府、团体捐赠的美术作品，以及由政府和其他文化机构转交来的国外艺术品。收藏的品类有中国画、油画、版画、雕塑以及年画、织绣、少数民族服饰和用具等民间美术品，还有一批青铜、陶瓷、雕刻工艺品及铭刻拓片等中国古代文物。1995 年，美术馆由北京市文物事业管理局核发登记注册为北京市博物馆之一。

下面介绍几个央美美术馆经典品牌展览，大家只要尝试去“看”就好。用一个变绿君最喜欢的艺术家，阿布拉莫维奇的话来说就是：爱是看见“I see U”。所以，尽情享受吧。

（1）CAFAM 双年展：

CAFAM 双年展是中央美术学院美术馆主办的以大学美术馆为平台的双年展，展览立足于开阔的当代文化视野，以中国文化情境为依托，探索艺术策展及展览呈现的方法论和文化性，深入历史和人文的问题探询，突出于当代艺术的创造力和精神品质。

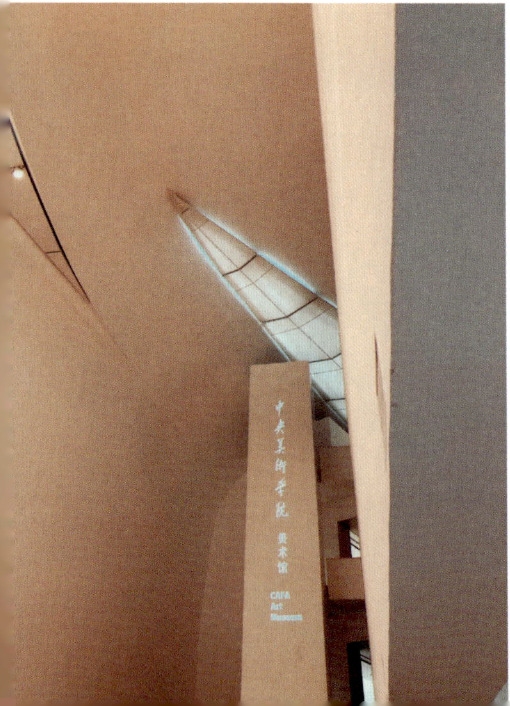

馆外雕塑

CAFAM 未来展作品 / 鞑子香 摄

（2）CAFAM 未来展：

CAFAM 未来展意在对当今青年艺术生态做田野式考察，重点考察新生代艺术家在今天的全球语境、文化格局、生产方式之下的，属于这一代人特有的“艺术方式”，分析、研究当下及下一个阶段华人艺术的趋势，鼓励青年人的艺术语言探索与新方式推进的一个平台。

（3）北平艺专精品陈列系列展览：

1918 年 4 月，中央美术学院的前身——“国立北京美术学校”在著名教育家蔡元培的积极倡导下创立，这是中国历史上第一所由国家开办的美术学府。此后在中国 20 世纪早期社会大变革的特殊历史进程中，几经合并、停顿与重建，直到 1950 年中央美术学院成立。“艺专”时期是中国现代美术教育的重要阶段，奠立了美术教育与教学的最初形态。然而目前对于“艺专”时期并无系统、专项的学术梳理与研究。中央美术学院美术馆在馆藏品整理与研究中，发现部分“艺专”时期师生的作品，以此为基础，陆续推出一系列北平艺专时期的藏品研究展览。

（4）百年辉煌——中央美术学院艺术名家系列展：

值中央美术学院即将建校百年之际（2018 年），中央美术学院美术馆与美院在近年来推出一系列研究中央美术学院艺术名家的研究性展览。

（5）千里之行——中央美术学院优秀毕业生作品展：

“千里之行”系列展览举办的动因在于，一方面总结学院工作和应届毕业生成绩，另一方面在于郑重地向社会、向人民推介中央美术学院的青年才俊。展览自 2010 年举办至今，在中央美术学院美术馆举办了八届，并推出了国际巡回版、全国版，在社会引发了积极热烈的反响。

千里之行 展览海报

（6）钻石之叶——全球艺术家手制书展：

展览希望使国内艺术界和大众了解“艺术家手制书”这一综合性的艺术媒介近 100 年来在全球范围内的发展，以及其背后的历史语境，也希望呈献“艺术家手制书”作为

钻石之叶展品

一种新型当代艺术创作形式的巨大潜力。

对历届毕业生优秀作品的收藏是中央美术学院美术馆不同于其他博物馆的特色之一。收藏的每届毕业生优秀作品具有很高的艺术价值和强烈的时代气息，可称之为新中国美术的一部编年史。除此之外，美术馆还对藏品分门别类进行长期和短期陈列，如中国古代绘画陈列、老教授捐赠作品陈列、历届学生优秀作品陈列等。

4

逛逛馆，谈谈爱——北京小众博物馆什锦

Tip：励志堂科举匾额博物馆基本信息

参观关键词：“科举门”石坊、贡院号房复原、明代万历“科举”无字石坊

门　　票：40 元，每月第一个周六免费

地　　址：北京市朝阳区高碑店文化街 1366 号

开放时间：9：00–16：00

01/ 励志堂科举匾额博物馆

在电影《在世界中心呼唤爱》里，女主角对追求她的男生说，接吻时要谈论理想！所以变绿君的意图很明显了吧，在一个收藏了与科举相关的文物 1000 余件，明清 32 名状元、13 名榜眼、12 名探花题写的匾额的地方：“你当年做的海淀还是黄冈？”“你有没有保留一本五年高考三年模拟？”回忆的话题一秒打开，实力撩妹成功呀！顺便谈谈自己的理想，许给对方一个奋斗的形象，爱情急速升温有没有？

Tip：中国邮政邮票博物馆基本信息

参观关键词：见字如面、名人书信、古代通讯文物

地　　　址：北京市东城区贡院西街 6 号

02/ 中国邮政邮票博物馆

在通信手段日益发达的今天，书信仍然是最具有文化内涵、最能拨动心弦的情感媒介。之前名声大噪的《见字如面》就是最好的书信感人力量的证明。5500 平方米的展览大厅、3000 平方米的文物库房和近万件邮政文物、数亿枚中外邮资票

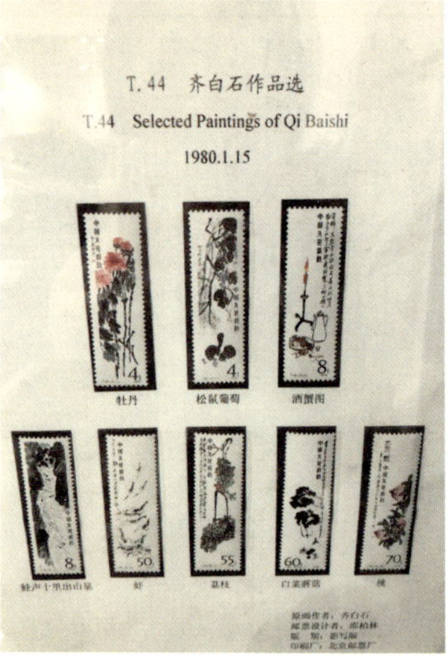

木工斗余 / 摄

品等馆藏品。如果你打算去邮政博物馆，请不要忽略博物馆的大门口矗立着两尊巨大的骑马送信的信差塑像，据说塑像原型来源于大名鼎鼎的马踏飞燕。

“潜儿入目。前自津归。宝宅有喜事。虽往应酬未能将汝事谈及。后则孙慕韩有回南及组阁之信……决不能将此等事属之。故此事必须稍缓图之也。汝移京与否。想下月必能定。此数日中令嘉想早全好。余俟后谕。”这是王国维 1923 年写给长子王潜明的信。博物馆一层是书信文化展。展览中的书信都是大家对生命体验和社会生活的真实记录。想想看，你随口朗读几段，身边的妹子恐怕就要泪水在眼眶里打转，很有可能直接投怀送抱，比恐怖片有效果多了。来到二楼，这里正在举办“中国邮政开办一百二十周年纪念图片展”。在“原始通信”部分，可以了解到景颇族青年男女是如何借助树叶信倾诉衷肠的；“古代邮驿”部分则展示了秦书、汉简、虎符、轺车、兵票、火票等。“近代邮政”“当代邮政”展区真实地再现了清末中国邮政从创新萌芽到主权旁落的全过程，以及中国邮政体系后期的自我完善。“邮票展厅”则在方寸之间展现了国民的万千艺术巧思。

Tip：北京百年世界老电话博物馆基本信息

参观关键词：造型各异的电话

地　　址：北京顺义区杨镇汉石桥湿地公园内

门　　票：成人 50 元

03/ 北京百年世界老电话博物馆

今后的通信设备只会越来越“无痕”，在此之前我们的电话功能简单却好看得要命。这是一家私人博物馆，里面有馆长收藏的世界各地的电话机，还有电话宣传画、电话公司徽章、世界各地的老电话簿（也是回忆中的东西）等等。听说展馆很小，但是仿若时光穿梭机。

插播：全球博物馆 App 沙龙

大英博物馆

这款软件里有详尽的展品分布、博物馆地图和最佳观览路线推荐等，外加 600 多件展品图片与介绍，定能喂饱你的求知欲。

卢浮宫博物馆

它要钱！似乎一点“学术乃天下公器”的文化大一统思想都没有，当然，因为前面那句话是个中国人讲的。这款 App 的特点是资料非常值得付费，有让你在帝王的宫殿绝不迷路的作用。

普拉多博物馆

西班牙艺术史讲述的 NO.1，建于 18 世纪的普拉多博物馆位于西班牙马德里，收藏有 15—19 世纪西班牙、佛兰德和意大利的近万件顶尖艺术佳作。以大师戈雅、米罗、毕加索等的作品最具代表性。只是，这个被誉为世界八大博物馆之一的大当家并不支持中文翻译。

纽约现代艺术博物馆

MOMA 是和英国泰特、法国蓬皮杜呈三足鼎立之势的现当代美术馆。最值得一提的是，它提供中文语音讲解，完全尊重我大中国联合国常任理事国的地位。艺术欢迎大家“坐地八万里”拿起手机前去感受一下。

e-museum

这款客户端是东京国立博物馆、京都国立博物馆、奈良博物馆、九州岛博物馆四个日本重器大馆联袂之作。同时，此款 App 有日本文化的一个很深刻的特点——精美，毕竟是文化财团出品的官方应用。美则是其数据资料数量充足，而精则在于其手段和用户体验。

古根海姆博物馆

这是一所私人的、像开酒店和超市一样开分店的美术馆。App 内有 1300 件藏品的信息，也算是打开现当代艺术“万彩的大门”。

每日故宫

故宫，就是故宫嘛，你下载了就知道啊！

美国大都会艺术博物馆

这是个很大的博物馆，有多大呢？“展线”是本书主角故宫的两倍。我说的不是面积，而是视觉呈现的空间。同时，该款 App 秉承着美国实用主义的良知，设计得很“实用”。

Part 4
新四九
掌故汇编

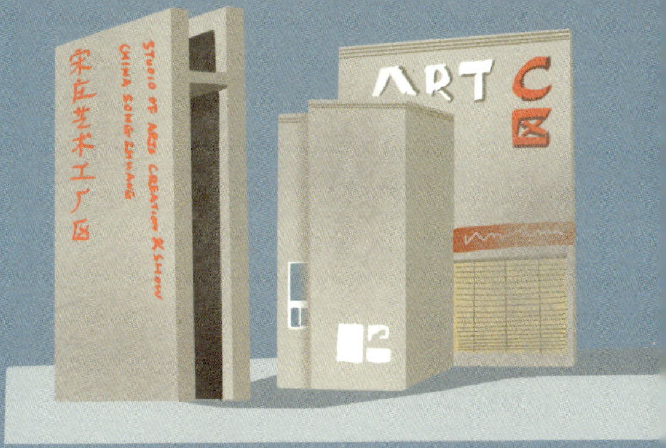

在跳出厚重历史古迹之外，一个人，也可以穿越时光隧道，跨越物理距离，跟上这个城市独特的脚步。只要你心中满是期许。在这个古旧的城市中有一份活力清单，驻足停留抑或是穿梭于纵横街巷，一起咀嚼玩味城市深处的秘密。一切就像是镀上新妆，真实虚幻，现在未来，都在此刻交集，即便琐碎，也平实而生动。这里，依然是北京。

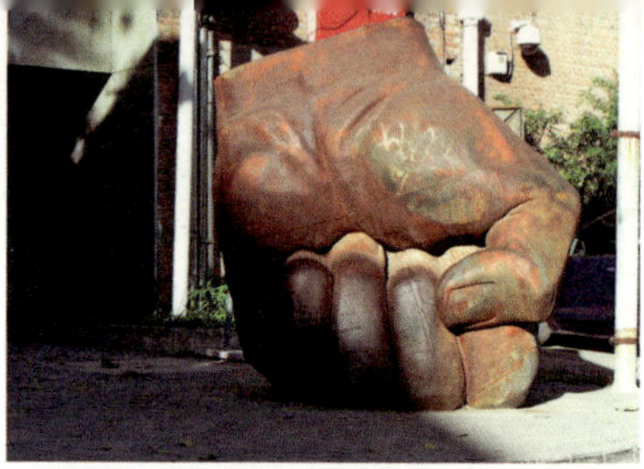

798 园区建筑

1

别的就不说了，就先 798 和宋庄吧！

01 /798

谈起北京 798 艺术区（ArtDist）的历史，必须从新中国的工业化开始说起，北京 798 艺术区所在的地方，是新中国“一五”期间建设的“北京华北无线电联合器材厂”，即 718 联合厂。这个 718 联合厂，是社会主义阵营对中国的援建项目之一。由于在这个阵营中电子工业处于领先地位，东德被赋予了建设联合厂的重任。德绍（德国东部城市）的一家建筑机构负责联合厂庞大的建筑设计，它和当年的包豪斯学校（世界上第一所完全为发展现代设计教育而建立的学院）在同一个城市，所以这家建筑机构和包豪斯学校有着某种相似的风格。因此，联合厂具有典型的包豪斯风格，是实用和简洁完美结合的典范。

关于包豪斯，在抽象艺术的影响下，一种新的工艺美术风格和建筑风格诞生了，其主要特点是：注重满足实用要求；发挥新材料和新结构的技术性能和美学性能；造型简洁，构图灵活多样。以此为基础，新的现代主义建筑风格形成，主张适应现代大工业生产和生活的需要，以讲求建筑功能、技术和经济效益为特征，后来被称为包豪斯学派。

2000 年，六家单位（厂子）整合重组为北京七星华电科技集团有限责任公司，一部分房产闲置了下来。为了使这部分房产得到充分利用，七星集团将这些厂房陆续进行了出租。2002 年 2 月，美国人罗伯特租下了这里 120 平方米的回民食堂，改造成前店后公司的模样。而这位罗伯特是做中国艺术网站的，一些经常与他交往的人也先后看中了这里宽敞的空间和低廉的租金，纷纷租下一些厂房作为工作室或展示空间。“798”艺术家群体的“雪球”就这样滚了起来。

由于部分厂房属于典型的现代主义包豪斯风格，整个厂区规划有序，建筑风格独特，吸引了许多艺术家前来工作、定居，慢慢形成了今天的 798 艺术区。不管衰落或兴起，798 依旧是 798。那里有密集的艺术与展览，也是脑洞大开的好地方，中华古典糅合当代风，外观低调保守，又融入此处独特艺术气。变绿君眼里的 798 艺术区有个现实意义，就是突破固有艺术形式的束缚与边界，所有来

到这里的人，不是被动而无所适从的欣赏者，而是主动的参与者，因为这个厂房真的有点远呀。包豪斯建筑变身酒店，废旧工厂变为有情有趣的小餐厅，总在不经意的某个拐角。

除了在别有一番氛围的建筑间徘徊外，还有一波好馆在此，如念一遍当代唐人艺术中心、蜂巢北京当代艺术中心、艺・凯旋画廊、麦勒画廊、站台中国、亚洲艺术中心、艺栈等等。另外，再送上一个网红打卡帖。

798的五个打卡圣地

798

(1) 木木美术馆

地　　址：北京市朝阳区798艺术区中二街D-06号

“M WOODS 木木美术馆的名字极富禅意。”这是挺官方的讲法，“木，破土而生，根系万千，繁枝茂叶；木，朴质奇绝，立于天地，树木长年；东方属木，相生五行。木木亦可为林，木木之志，源于拓衍真识，相惠于东西艺文。”当时我们真正的艺术圈中人大概会把这个艺廊跟什么“飞遍全球”啊、“超级大钻戒”呀联系起来。不过无论这个网红美术馆因什么而出名，它都扎扎实实带来了一番不错的艺术体验。也就是现在流行的提法“沉浸式艺术展”。

BOTANICA
植物园

地　　址：北京市朝阳区酒仙桥路
4 号 751D · PARK 园 A11 楼

（2）BOTANICA 植物园

BOTANICA 植物园是家自带氧气场的餐厅，踏入一刻变绿君的直观感觉是像走进了小型热带雨林。无论北京晴朗还是阴雨，无论门外的空气湿润还是干燥，由植物围绕的 BOTANICA 都有自成一派的绿意盎然。BOTANICA 用“视、听、味、嗅、触”不同层面和角度，做出一场植物的五感六观的盛宴。就餐桌下放有绿植这一点，也超级符合金牛座们亲近自然的调调。再配以有机美食的味蕾感动，每个人都有充满生气的就餐体验。

西东 shop

地　址：北京市朝阳区 798 艺术区中二街

（3）西东 shop

西东 shop 是好东西的聚集地，有种巴黎三区的气质，集合优秀手作职人和独立设计师的原创玩意儿。我们的世界依然机械，我们浸泡在手机中，习惯了一切被 App 给予。为何不抛开冷冰冰的流水线，将日常之道与生活器用相连接，拥抱一种温度刚刚好的状态？西东的空间是复合状态，一楼卖物件和饮品甜品外卖，二楼是手作工作室，更有可以坐着观赏好天气的露台。而变绿君个人最喜欢可以被阳光晒到的露台，此刻如果来一杯咖啡或者是冰淇淋，光阴都会被甜到，随阳光一起融化。

茶所

地　　址：北京市朝阳区
798 艺术区陶瓷一街

（4）茶所

茶所，即与茶相处之所。这是变绿君学长开的店，这个东方文化氛围浓厚的空间，一走进来很难不被创始人的茶所建造手记打动，他如此写道："穿过 00 年代简易玻璃房进入 60 年代建构，地上 60 年代水磨石和混铺的 80 年代肉色瓷砖……如中国一样的混杂状态，除了调整光线，动线，我想尽量保留它。同时也就这样把'今天'置入进去，延续混杂。"

其实之前变绿君狠狠吐槽过这个企划，怎么说呢，在一个时髦的后现代 style 的街区，搞出点东方茶文化，简直让人难以理解。但是北漂的学长估计也会午夜梦回老重庆黄桷坪，也就是老四川美术学院、他的母校对面的交通茶馆吧，我们就尝试体验体验吧！

CofFeeL

地　　址：北京市朝阳区酒仙桥北路 9 号民生现代美术馆首层

（5）CofFeel

位于民生现代美术馆内部的 CofFeel 有种独特的氛围，干净得独一无二！这大概也得益于西方“白盒子”展览空间的理念吧。民生现代美术馆在 798 北边，由历史遗留工业建筑改造而成，“无用之用”的企划观点让这里有着完全折射人心的仪式感，错落有致的多元内部空间，也赋予了 CofFeeL 的开阔视野。总体来说，店铺给人一种干净到温柔的感觉。

宋庄艺术工厂区
STUDIO OF ARTS CREATION & SHOW
CHINA SONGZHUANG
ART

02 / 宋庄

北京，天安门东去 24 公里，你看到一个像倒扣着的喇叭的地儿，就是宋庄了。这儿曾经是个不起眼的小镇，完全一幅世界末日景象。后来这里号称是目前世界上最大的艺术家群落，一如法国的巴比松（Barbizon）、美国的东村（East Village）、德国的达豪（Dachau），成为艺术家心中的乌托邦。现在宋庄美术馆的根据地小堡村是北京通州区宋庄镇 47 个行政村之一，西邻东六环，南面有 102 国道，从小堡村到市中心仅 20 公里。小堡村占地面积 3.27 平方公里，村民 500 多户，现在生活在小堡村的艺术家已经有近 900 人。以小堡村为核心，宋庄的疃里、六合、大兴庄、辛店、喇嘛庄、任庄、北寺、小杨庄、白庙、邢各庄等村庄之中，共聚集着 3000 多名艺术家。

某种程度上，宋庄就是中国当代艺术的理想国。我们还是先轻松地介绍几个当代艺术家，来看看宋庄的实力。首批宋庄拓荒者有黄永玉，就是那个画国画的老头，目测他可能是来炒房地产的。还有一帮大佬们，像画大头大笑的方力钧、画郭德纲款肖像的刘炜等人，这些人都是当代中国艺术家中价值千金的大人物。

宋庄美术馆内部展厅

作为一个缩影或代表，坐落在小堡村的宋庄美术馆近乎“完美”地体现着这种复杂的我们谓之为艺术生态的家伙。无论如何，我们黎民老百姓体验宋庄的方式可以是休闲自在的，当然如果你有一两位当代艺术圈中好友，那更可以感受一个地道纯味的宋庄。

金艺桥艺术品托管中心
上上国际美术馆
艺术生活

2

让我们在书店见吧！

模范书局·诗空间

地　　址：北京市西城区杨梅竹斜街 31 号、北京市西城区佟麟阁路 85 号
营业时间：周一至周日 10：30-18：00

01 / 模范书局 · 诗空间

模范书局在北京有几家分店，前门店在杨梅竹斜街 31 号，也很有味道。走进模范书局，你就有种误入民国大片场的感觉，后来我们才了解到这里以前是一家民国的报社。佟麟阁路 85 号的书局，走到尽头处是一个半圆形的圣坛被改造为咖啡厅，而那个弧形墙面被书籍填满倒是有点沃格霍茨魔法学院的即视感。当然，这个变绿和一帆之前心里是有底的，这里曾经是一家教堂。对老建筑进行书店改装，前后的故事，各中艰辛自有别述。这家的店的主人是个印刷控，书局后院有他收藏的国内最大规模的印刷雕版，这让研究漆木器的变绿君激动不已啊，老板在西海 48 号创意园区还有一家专做雕版和印刷的工坊。最后变绿君只能说，结婚照都想在这里拍！就是有这种吸引力！

模范书局 · 诗空间
熊笑宇 Smiley / 摄

篱苑书屋

开馆时间：四月中旬至十月中旬
开放时间：周末 9：30-11：20　13：30-16：00
电　　话：13910105454
地　　址：北京市怀柔区雁栖镇交界河村智慧谷（接近山吧）

02 / 篱苑书屋

先简单介绍一下，篱苑图书馆位于怀柔的群山之中，外墙是用当地村民生火使用的柴禾堆砌而成的。同时，篱苑书屋不通水电，所以它只在每年 4 月到 10 月的周末开放。美国 Business Insider 网站罗列了全球 18 家最美的“天堂”，中国唯一上榜并且名列第八的便是篱苑书屋。正所谓：今有一书屋，毗邻一薪园；堂连旷山野，室接青云远；行到处皆绿，目遇之俱清；读史应映雪，话情宜伴月。

篱苑内外

3

旧时光是个美人儿

坊间盛传着外国人来北京必做的三件事儿：登长城、吃烤鸭、逛潘家园。当然，逛潘家园只是个代指，实际上就是你得体验体验那像荒地里的野葱般的一种经济生活上的返祖行为——淘旧货！想起变绿君和一帆的老房东还曾指点道：这逛旧货市场啊，还有一种，咱老北京说去鬼市呢，不能说去，也不能说上，更不能说逛，您得说“趟鬼市”！就是这么讲究，

01 / 潘家园旧货

“欢迎光临国家4A景点潘家园古玩城！”当然，这是一句玩笑话，如今的潘家园可谓是京城古玩市场的代名词，甚至成为中国古董商城的代表委员。虽然如今这里不再发生“三年不开张，开张吃三年”的传奇，但是大家淘不到国宝，淘一种潜心慕古的生活方式，或者一种与历史互动的参与感还是轻而易举的。有时候站在一旁，听买主与卖主瞎侃也能无形长很多知识。另外，这里猛敲黑板的当然是前面提到的古玩街“夜生活”了。

在以前，夜市被称为鬼市。这名字虽然听起来吓人，却是地地道道的老北京民间文化之一。距离 “夜市”四点半开市还有一个小时，就有心急的买家早早到来，用手电筒照着摊主还没卸下来的货，开启了“淘宝”之旅。来这

Tip：潘家园基本信息

夜市开放时间：每周六、日 4：30

主要经营：民间旧货、古玩字画

电　话：67790418

地　址：北京市朝阳区潘家园路华威里 18 号东三环南路华威桥西南

里淘货的买家，清一色唰唰备着手电筒。像变绿君和一帆这样的手机党，一看就是外行。当然，并不是说你得买个手电才能进门，变绿君这里仅仅是想提示一种对文化的尊重态度，哪怕是“手电筒”文化。

02 / 高碑店精品旧货一条街

要说这高碑店卖古家具的资历绝对是行业龙头、业界标杆。自打紫檀宫这个标志性建筑盖起来，周围的人就越聚越多，从四惠对面的通惠河南岸就能看出来，有种穿越到老清朝的视觉感受。紫檀宫现在也成了中国紫檀博物馆，没有什么大件家具购买欲的变绿君和一帆，就是在这个馆里度过半天光阴的。当然，这也因为变绿君主要就是研究竹木漆器的吧。这里的旧家具基本是翻修过的，其中在一家巨型二层展厅里有大量的民国上海风格的老式家具。有兴趣在老四合院里，组一套老洋房家具吗？快来高碑店吧！

Tip：高碑店精品旧货一条街基本信息

主　　营：旧家具

地　　址：北京朝阳区高碑店村高碑店古家具一条街

4

在北京的日子里，去看一场话剧吧

莎士比亚曾说过：“有戏剧以来，它的目的始终是反映人生，显示善恶的本来面目，给它的时代看看它自己演变发展的模型。”可是啊，到某年某月某日，我们经历了小魔盒电视机、计算机、平板、手机……莎士比亚如果走到今天瞧一瞧不知道会对自己当年的豪言壮语有什么感想。可是变绿君仍然觉得，就是那样，戏剧是时代的模型，是表演艺术的根。

01 / 国家大剧院与小剧场

不知道各位看官有没有听过“水上浮蛋壳”一说，它说的正是这个集剧场、小剧场、歌剧院和音乐厅于一体的玩意。剧场内空间是圆形的，共三层，所以贫穷不单能限制你的想象力，在这连视线也被限制住了。听说国家大剧院的小剧场某戏剧达人接触过的唯一一间有可能有视线死角的小剧场。虽说观剧体验差，但是“莫名其妙”慕建筑之名来观剧的人真的好多好多，当然，不可否认，是国字头的它还是拥有挺多相当好的资源。许多国外来演出的高质量话剧、歌剧都只在此上演。

02 / 首都剧场与北京人艺实验剧场

人艺实验剧场被誉为业界良心，亲测，果真如此。常年赴约乌镇戏剧节的变绿君和一帆，看

到票价都非常感动。常年最低 80 元！乌镇戏戏剧节还常年买得到票！另外，会员购票和剧场一切消费均九折。再有就是超级满足我们外地人一站式需求，观剧前美术馆转转、书店晃晃，剧前吃面，剧后宵夜，中途还能沉浸在专业演员和名家的演技中飘飘，有趣的是所谓英雄所见略同吧，观剧体验好到觉得观众都是专业的呢！

艺术圈里的喵星人
是千千千千千 / 摄

798 艺术区的涂鸦墙
霍艳恩 / 摄

5 还有一种叫 Live House 生命体的存在

Tip：糖果俱乐部基本信息

地　　址：北京市东城区和平西街 79 号糖果三层星光现场

Live House 最早起源于日本，和普通的酒吧不同，一些室内场馆具备专业的演出场地和高质量的音响效果，非常适合近距离欣赏各种现场音乐。另外，由于观众和艺人距离非常近，因此在 Live House 中的演出气氛往往远胜于大型的体育馆的效果。不知不觉 Live House 这个概念就迅速风行全球。鼓楼，北京摇滚乐的乌托邦，被《纽约时报》评为“北京的布鲁克林”。千禧年伊始，这里诞生了北京最早的一批 Live House。随着时间的推移，很多旧的文化族群逐渐消失于城市化的剧烈扩张中，但是 Live House 作为一座城市青年文化的一部分，一种生活方式的选择，而在不同的时代焕发出新的生机。

01 / 糖果俱乐部

听说这样一个地方已然做到了在租来的场地当下最好 Live House 的境界。最大！音乐品类最丰富！明星最耀眼！另外营销模式也很到位，包括产品活动、年会之类的商业活动，内容非常丰富。尤其是神秘营销，也就是给客人过筛子。糖果三层（星光现场）

所举办的大型现场演出经常会实行等级票价制度，VIP 都会安排在二楼配有沙发的位置，并提供付费酒水，观众在上面坐着就可以惬意地观看演出；而购买普通票的观众只能站在一层的舞池里或舞台远处观看了。

02 /MAO

中国摇滚第一现场！试问哪个到了 MAO 的人没有在北京旧址的墙上留下点儿什么？无论何时，我们都有真诚的音乐和感人的旋律相伴。让我们一起合唱，一起摇摆，一起拥有我们最美的样子。

Tip：MAO 基本信息

地　　址：北京市海淀区五棵松华熙 LIVE hi-up G23

Tip：疆进酒基本信息

地　　址：北京市西城区天桥艺术中心 B-103

03 / 疆进酒

2014 年，由来自新疆的姐弟在北京东城区钟库胡同开办的“疆进酒”——一家非常有民族文化特色的 Live House，被迫拆迁了。经历了大约九九八十一难，新店疆进酒 · OMNI SPACE 的最终选址敲定在西城的天桥文化艺术中心。Live House 与歌剧、演奏会一墙之隔，这在北京以东边为重心的 Live House 文化中显得有些反常。在运营模式上，疆进酒 · OMNI SPACE 也进行了许多先锋尝试。如以众筹的形式开创 Live House 会员制模式建立疆进酒的核心社群。疆进酒 · OMNI SPACE 在 2018 年年中拥有了自己的厂牌“VIBES”，目前签约的艺人有来自苏格兰格拉斯哥的原创独立音乐人 Ally Kerr、先锋实验乐队发梦朱莉，以及另类器乐摇滚乐团音墟。注重艺人的稀缺性是疆进酒 · OMNI SPACE 做厂牌的出发点。

6 电影是我的家

有一天陈丹青遇到了贾樟柯，他说：“电影救了你，画画救了我。”真巧，我们都是拿到船票的那个。

01 / 影迷必去的中国电影资料馆

首先当然是资料馆，她是国家广电总局所属的部门档案馆，同时与国家档案局有着密切的联系。这里常年有各种影展，主要以胶片电影和原声电影为特色，拥有大量国产老片资源，是国内最成熟的艺术影院，小西天 1 号厅是北京第一家 IMAX 影厅，两层楼高，效果非常好，而且经常有各种交流活动。影院地址：电影资料馆有两个影院，大多数可以在格瓦拉上购票，少数比较热门或者有交流会的影片需要现场购票。

小西天：北京市海淀区文慧园路 3 号，影院临近地铁 2 号线积水潭站，自该站 A 出口步行前往约需 10 分钟。

百子湾：北京市朝阳区百子湾南二路 2 号，影院临近地铁 7 号线百子湾站，自该站步行前往约需 25 分钟。

放映信息：每个月月底在官方微博 @ 中国电影资料馆公布次月的排片，其中有资料馆日常的经典影片，还有各种各样的影展，例如最近的“莎翁影史”展映和俄罗斯电影单元，都有很多值得关注的影片。

购票通道：每个月月初，在格瓦拉 App 上搜索中国电影资料馆便可以看到。

票价：老电影非常便宜，一般 10 块钱就可以搞定，大部分影片都是 20—40 元，如果有映后交流会或者特殊演讲活动就会贵一点，但也不会超过 100 元。

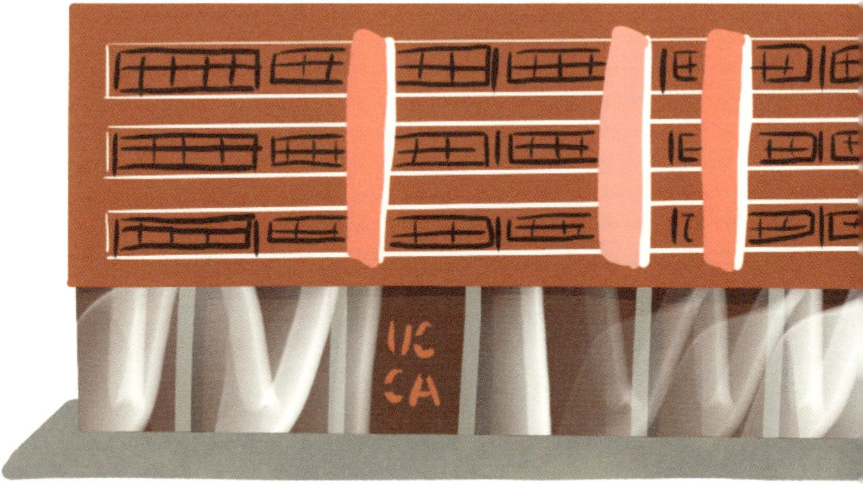

Tip：尤伦斯当代艺术中心基本信息

参观时间：10：00—19：00
影院地址：北京 798 艺术区
放映信息：官方微信尤伦斯 UCCA 上可查询
购票通道：在格瓦拉 App 上搜索尤伦斯
票　　价：比较贵，一般 100 多元一张

02 / 可寻觅绝版电影的尤伦斯当代艺术中心

尤伦斯当代艺术中心（UCCA），本来是一座服务于公众的独立的公益性艺术机构，位于北京 798 艺术区核心地带，常年举办各种艺术展览，电影放映。虽然这里只有一个影厅，但每年会放映 200 多场，活动密集，曾经做过的展映令许多真正的艺术影迷垂涎，如“阿彼察邦·韦拉斯哈古电影展”“赫尔佐格影展”“芬兰怪客阿基·考里斯马基电影展”“阿莫斯·吉泰电影展”“张爱玲编剧电影展”等等，很多影片即使在国内的网络及盗版影碟市场上也难以觅踪。

尾声

——向天再借五千年

是结束的时候啦，就像本该结束了一样。作为后记的本章其实有很多话想讲，又觉得要三缄吾口，就艺术史或者游记而言，走在前面的人太多太多，导致我时常觉得书写意义的稀薄。我读书的时候，老师曾经提到中国美术史之父——唐代的张彦远有一句话：“若复不为无益之事，则安能悦有涯之生？”距离现在已有1000多年了，似乎是整个文明史上第一次对艺术表达了一种超物质目的的观念，暗示出一种伦理的哲学。我也正因为这样一种动因，而在喋喋不休地坚持写作。

关于本章副标题“向天再借五千年”，想传达一种在中华5000年文明的鸿蒙深渊前的兴奋与战栗。后来跟出版的朋友讨论，大致可以用英文表达为“As above，So below”出自“翡翠石板”，公元前3000年的古老智慧箴言。中文可译为“上行，下效，存乎中，形于外”。

它提喻了一种天人合一的状态，个体与社群之间的广袤的关系，指向的是一种中西古今的互文互通，即德尔菲神殿上镌刻的“NO Where is Now Here”，我们有可能通过个体与当下来擒住人类文明的龙骨。本书的出发点，即目力所及之艺术，毫无疑问是一切人类成就的典范，因此可以修正道德价值的尺度。我的老师认为，艺术由于可以净化身心，因此能够成为对抗野蛮、对抗低俗的解毒剂。文明由艺术所物质化，它构成了人类生活的天堂。他常说艺术的美丽、艺术的优雅、艺术的崇高是宇宙间的奇迹。而我无限臣服地想浪漫主义诗人借华兹华斯之口说：“我们的诞生其实是入睡，是忘却：与躯体同来的魂魄，生命的星辰。”与其说我们尝试讨论艺术与历史，毋宁说我们在切近我们的灵魂本身。

王志远 / 摄

图书在版编目（CIP）数据

漫步故宫博物院 / 林深，一帆著 . -- 南昌 : 江西美术出版社，2020.5（2022.1 重印）
ISBN 978-7-5480-7575-2

Ⅰ . ①漫… Ⅱ . ①林… ②一… Ⅲ . ①故宫博物院－介绍－北京 Ⅳ . ① G269.263

中国版本图书馆 CIP 数据核字 (2020) 第 084039 号

出 品 人 : 周建森
责任编辑 : 邱　婧
特约编辑：朱倩文
责任印制 : 谭　勋
书籍设计 : 韩　超　林思同

漫步 Wandering through the Palace Museum
故宫博物院

艺术之旅微笔记系列

林　深 / 文　　一　帆 / 绘
出版发行 : 江西美术出版社
地　　址 : 南昌市子安路 66 号江美大厦
网　　址 :jxfinearts.com
电子邮箱 :jxms163@163.com
电　　话 :0791-86565819
邮　　编 :330025
经　　销 : 全国新华书店
印　　刷 : 浙江海虹彩色印务有限公司
版　　次 :2020 年 8 月第 1 版
印　　次 :2022 年 1 月第 2 次印刷
开　　本 :889 毫米 ×1194 毫米 1/32
印　　张 :6.75
书　　号 :ISBN 978-7-5480-7575-2
定　　价 :58.00 元